눈먼 사람 이야기와
요한공동체

이 책은 본인의 박사학위 논문인
"요한복음 9장의 회당추방과 그리스론 죄론 제자직 논쟁"을
사회학적 이론을 사용하여 재해석한 책임을 밝힘.

눈먼 사람 이야기와 요한공동체

초판 1쇄 발행 2021년 11월 10일

지은이 이대주
펴낸이 장길수
펴낸곳 지식과감성#
출판등록 제2012-000081호

교정 김우연
디자인 이현
편집 이건영
검수 백승은, 이현
마케팅 고은빛, 정연우

주소 서울시 금천구 벚꽃로298 대륭포스트타워6차 1212호
전화 070-4651-3730~4
팩스 070-4325-7006
이메일 ksbookup@naver.com
홈페이지 www.knsbookup.com

ISBN 979-11-392-0165-9(03230)
값 14,000원

• 이 책의 판권은 지은이와 지식과감성#에 있습니다.
• 이 책 내용의 전부 또는 일부를 재사용하려면 반드시 양측의 서면 동의를 받아야 합니다.
• 잘못된 책은 구입하신 곳에서 바꾸어 드립니다.

지식과감성#
홈페이지 바로가기

눈먼 사람 이야기와 요한공동체

차례

프롤로그 006

제1장 요한복음 9장 연구의 스펙트럼과 사회학적 연구방법론

1. 요한복음 9장의 스펙트럼 _010
2. 사회학적 해석방법론 _034

제2장 요한복음 9장 해석을 위한 사회학적 렌즈들

1. 선택 이론(Rational Choice Theory) _046
2. DBO 이론(DBO Theory) _060
3. 상징적 상호작용 이론(Symbolic Interactionism) _080

제3장 죄 논쟁과 요한공동체

1. 요한복음서의 죄 _087
2. 죄와 심판 _104
3. 죄 논쟁과 요한공동체의 정당성 규명 _117

제4장 제자직 논쟁과 요한공동체

1. 요한복음서의 '제자' _127
2. 제자와 교사 _144
3. 제자직 논쟁과 요한공동체의 정체성 확립 _156

제5장 그리스도 논쟁과 요한공동체

1. 요한복음서의 '그리스도' _164
2. 그리스도론과 예배 _181
3. 그리스도 논쟁과 요한공동체의 신학적 해명 _187

에필로그 _200

Bibliography _206

── 프롤로그 ──

이 책의 목적은 요한복음서 9장 1-41절에 나타난 죄 논쟁, 제자직 논쟁, 그리스도 논쟁을 사회학적인 방법론을 동원하여 규명하려는 것이다.

지금까지 요한복음 9장에 관한 많은 선행연구들이 있었지만 그들은 매우 단편적이었다. 9장이 요한복음 내에서 차지하는 비중에 비하면, 이에 관한 연구의 밀도나 성과가 부족하였다. 9장에 관한 단편적인 선행연구들에서 주로 취급되었던 주제들은 실로암[1], 인자[2], 9장에 사용된 상징들[3] 등에 관한 내용들이었다. 또한 방법론에 있어서도 이들을

---

1) J. Duncan M. Derrett, "John 9.6 Read with Isaiah 6.10; 20.9", *Evangelical Quarterly* 66(1994), 251-54. Bruce Grigsby, "Washing in the Pool of Siloam-A Thematic Anticipation of the Johannine Cross", *Novum Testamentum* 27(1985): 227-235.

2) John W. Pryor, "The Johannine Son of Man and the Descent-Ascent Motif", *JETS* 34(1991): 345-46. Mogenes Müller, "Have You Faith in the Son of Man?", *NTS* 37(1991): 291-94. O. Cullmann, *Early Christian Worship*(London: SCM Press, 1953), 117.

3) John Painter, "John 9 and the Interpretation of the Fourth Gospel", JSNT 28(1986): 44-45. John Painter, "Johannine Symbols: A Case Study in Epistemology", *JTSA* 27(1979): 32-35. Larry Paul Jones, *The Symbol of Water in the Gospel of John*(Sheffield: Sheffield Academic Press, 1997), 177. J. M. Lieu, "Blindness in the Johannine Tradition", *NTS* 34(1988), 83.

문학비평의 방법론으로 해석하려는 시도들이 있었고[4], 역사적·사회학적 방법론으로 해석하려고 시도했던 학자는 마틴(J. L. Martyn)[5]과 패인터(John Painter) 외에는 두드러진 학자를 찾기 어려웠다.

요한복음 9장에는 두 가지 논쟁 즉 죄에 관한 논쟁[6]과 제자직에 관한 논쟁[7]이 유일하게 등장한다. 또한 그리스도론이 회당으로부터 출교의 사유가 된다는 구체적인 언급이 있고[8], 맹인이 예수를 인식해 가는 인식상의 변화 과정[9]이 상세하게 드러난다. 이 세 가지 사항이 요한복음 9장에서만 독특하게 제시되는 점들인데, 이들 항목 중 제자직에 관한 논쟁[10]과 기독론에 관한 연구들은 있었지만 죄에 관한 논쟁에 대한

---

4) Jeffrey L. Staley, "Stumbling in the Dark, Reaching for the Light: Reading Character in John 5 and 9", *Semeia* 69(1991), 57. Tom Thatcher, "The Sabbath Trick: Unstable Irony in the Fourth Gospel", *JSNT* 76(1999), 53-54. Jey J. Kanagaraj, *'Mysticism' in the Gospel of John*(Sheffield: Sheffield Academic Press, 1998), 305.

5) J. L. Martyn, *The Gospel of John in Christian History*(New York: Paulist Press, 1979). J. L. Martyn, *History and Theology in Fourth Gospel*(Abingdon: Parthenon Press, 1978). 브라운은 요한공동체의 기원과 성장에 대하여 취급하지만 요한복음 9장을 마틴만큼 밀도 있게 언급하지는 않는다. R. E. Brown, *The Community of the Beloved Disciple*(New York: Paulist Press, 1979).

6) 9.24-25에서 눈멀었던 사람은 바리새인들이 예수를 죄인으로 규정하려는 것에 대하여 그를 변호한다.

7) 9.27-30에서 바리새인들은 눈멀었던 사람을 '그의 제자'로, 자신들은 '모세의 제자'라고 규정하고 눈멀었던 사람과 논쟁한다.

8) 9.22에서는 '예수를 그리스도로 시인하는 것'이 출교의 직접적인 원인이 된다고 명시한다.

9) 눈멀었던 사람은 예수를 '선지자(9.17)'로 인식하고, 자신을 예수의 제자라고 암시하며(9.27), 결국은 예수를 주로 시인하고(9.38) 그에게 경배한다(9.38).

10) Mark F. Whitters, "Disciples in John: Four Profiles", 427.

선행연구는 찾아보기 어려웠다. 또한 이 세 가지 항목을 통합적으로 연구한 사례는 찾아볼 수 없었다.[11]

따라서 이 책에서는 이 세 가지 항목을 통합적으로 그리고 사회학적 연구방법론을 동원하여 연구함으로써 요한복음 연구사에 미약하나마 기여하려고 한다.

---

[11] 마틴은 요한공동체와 회당 사이에 다음과 같은 세 가지 논쟁이 있었을 것으로 추정한다.

   1) 예수는 유대인들이 기대하는 메시아인가?
   2) 예수의 표적을 어떻게 정확히 해석할 수 있는가?
   3) 예수와 모세의 관계는 무엇인가?

그가 제시한 첫 번째 논쟁 항목은 그리스도론에 관한 것이고 세 번째 항목은 제자직에 관한 것이다. 이 항목들은 본 논문에서도 취급하고 있다. 그러나 그가 제시한 두 번째 논쟁 항목 즉 예수의 표적에 대한 해석은 취급하지 않고 있다. 그는 요한공동체와 회당 사이에 예수의 표적에 대한 논쟁이 있었을 것으로 추정하지만 요한복음 9장은 오히려 죄에 대한 논쟁에 주목한다(요한공동체와 회당 사이의 죄에 대한 논쟁은 선행 연구들에서도 한 번도 취급된 적이 없다). 요한기자는 9장 13절에서 예수가 표적을 일으킨 것이 안식일임을 지적하고 있고, 바리새인들도 16절에서 안식일을 위반한 것을 예수가 하나님께로부터 온 자가 아니라는 것을 판단하는 기준으로 삼는다. 이어서 16b에서 "죄인으로서 어떻게 이러한 표적을 행할 수 있느냐"고 바리새인들 사이에 벌어진 논쟁의 초점은 예수의 기적 자체가 아니라 예수의 죄인 됨에 관한 것이다. 또한 눈멀었던 사람은 31절에서 "하나님이 죄인의 말은 듣지 않으신다"고 예수를 변호하고 있으며, 이에 대하여 바리새인들이 "네가 온전히 죄 가운데 나서 우리를 가르치느냐"고 질책한 것은 요한공동체와 유대교 사이에 예수가 일으킨 기적에 대한 논쟁이 아니라 죄에 관한 논쟁이 있었음을 추정하게 한다. J. L. Martyn, History and Theology in Fourth Gospel, 100.

눈먼 사람 이야기와
요한공동체

제1장

요한복음 9장 연구의 스펙트럼과 사회학적 연구방법론

1. 요한복음 9장의 스펙트럼

요한복음 9장은 많은 학자들의 주목을 받아 왔다. 요한복음 9장에 대한 연구는 크게 8가지 분야로 나뉘어 진행되어 왔다. 즉 본문의 구조, 문학적 기술, 본문의 출전(出典), 실로암, 메시아, 상징들, 예수시대의 정황, 요한공동체의 정황, 기타 분야 등으로 나뉘어 연구가 진행되었다.

먼저 본문의 구조에 관한 연구는 9장과 다른 장의 상관성에 대한 연구와 9장의 구조에 대한 연구로 다시 세분되어 진행되어 왔다. 9장과 다른 장들의 상관성에 관하여, 홀러란(J. W. Holleran)과 플리히(John J. Plich)는 9장과 5장이 연관되어 있다고 간주한다. 홀러란은 이들 두 기적들이 공통적으로 예수에 의해서 시작되었고, 연못이라고 불리는 장소에서 발생했으며, 환자들이 모두 오랜 시간 동안 고통

받아 왔다는 점을 지적한다.[12] 그는 그 외에도 공통적으로 예수가 안식일에 기적을 행했다는 점, 예수가 안식일을 위한한 것이 유대인 당국자들과의 지속적인 대결을 촉발했다는 점, 두 환자는 모두 예수가 누구인지 어디서 왔는지 알지 못했다는 점, 당국자들은 모두 예수를 "ὁ ἄνθρωπος"로 언급하고 있다는 점 등을 지적하고 있다.[13] 플리히도 5장과 9장의 연관성을 주장하면서 11가지 항목을 비교하고 있는데, 홀러란이 발견하지 못한 점을 소개하면, 5장과 9장 모두 관념적인 주제인 '믿음'을 취급하고 있다는 점, 예수의 명령과 환자들의 순종, 예수와 당국자들이 서로를 심판하고 있다는 점 등을 들 수 있다.[14]

---

12) J. W. Holleran, "Seeing the light-A Narrative Reading of John 9", *Ephemerides Theologicae Lovanienses* 69(1993): 7-8.

13) 홀러란은 위에 언급한 공통점 이외에도 몇 가지 점을 더 지적하고 있다. 자세한 내용은 다음을 참조하라. J. W. Holleran, "Seeing the light-A Narrative Reading of John 9", 8-9.

14) John J. Plich, *Healing In The New Testament-Insight From Medical and Mediterranean Anthropology*(Minneapolis: Fortress Press, 2000), 126-131. 홀러란과 플리히 이외에도 다음과 같은 학자들이 5장과 9장의 상관성에 대하여 주목하였다. L. William Countryman, *The Mystical Way In The Fourth Gospel-Crossing Over into God*(Philadelphia: Fortress Press, 1987), 65. R. Alan Culpepper, *The Gospel and Letters of John*(Nashville: Abingdon Press, 1998), 175. Burno Barnhart, *The Good Wine-Reading John from the Center*(New York: Paulist Press, 1989), 114-115. Edwyn Clement Hoskyns, *The Fourth Gospel* ed. Francis Noel Davey(London: Faber and Faber Limited, 1947), 360. Gary M. Burge, *John The NIV Application Commentary-From biblical to contemporary life*(Grand Rapids: Zondervan Publishing House, 2000), 271. F. F. Bruce, *The Gospel of John-Introduction, Exposition and Notes*(Grand Rapids: William B. Eerdmans Publishing Company, 1983), 208. Dorothy A. Lee, *The Symbolic Narrative of the Fourth Gospel-The Interplay of Form and Meaning*(Sheffield: Sheffield Academic Press, 1994), 162.

9장과 7.8장의 상관성에 대하여 주목한 학자들도 있다. 리(Dorothy A. Lee)는 9장이 계시와 적의(敵意)라는 넓은 전망에 자리 잡고 있다고 간주한다. 리에 따르면, 빛과 물이라는 두 이미지가 성전의 예식적 상징의 일부이다. 축제일의 아침에 실로암으로부터 성전에 물을 끌어오고, 저녁에는 예루살렘을 밝히기 위하여 여인들의 뜰에 등불이 밝혀진다. 이런 정황에서 예수는 자신을 생수의 수여자(7.37-39)와 세상의 빛(8.12)으로 드러내고 있다. 이 두 주제가 9장의 내러티브를 위한 배경을 형성한다는 것이다. 예수에 대한 적의는 성전의 이미지들을 예수 자신에게로 전이키는 것에서 발생한다.[15] 홀러란은 7.8장과 9장의 유사성의 항목들을 다음과 같이 열거한다. 예수의 사역(7.3,21; 9.4); 예수의 근원을 아는 것(7.27-28; 8.14; 9.29-30); 예수에게 적용된 "예언자"(7.40; 9.17) 혹은 "그리스도"(7.26.41; 9.22)라는 명칭; "바리새인들"의 등장(7.32,45,47-48; 8.13; 9.13,15-14,40); 죄 혹은 죄성(8.21,24,34,46; 9.2-3,16,34-35,31,34,41); 불신앙에 대하여 바리새인들에게 내려진 예수의 판결(8.21,24; 9.41), 예수의 제자가 되는 것(8.31; 9.27-28); 하나님에 의해 "보내진 자"로서의 예수(7.16,18,28-29,33; 8.16,18,26,29,42; 9.4 그리고 9.7 참조).[16] 보

---

15) Dorothy A. Lee, *The Symbolic Narrative of the Fourth Gospel-The Interplay of Form and Meaning*, 163.

16) J. W. Holleran, "Seeing the light-A Narrative Reading of John 9", 10. 이 밖에도 다음과 같은 학자들이 7.8장과 9장의 상관관계에 대하여 주목하였다. Floyd V. Filson. *The Gospel According to John*(Atlanta: **John Knox Press**, 1963). George Mlakuzhyil, *The Christocentric Literary Structure of the Fourth Gospel*(Roma: Editrice Pontificio Istituto Biblico, 1987), 210. 한편, 휴즈(R. Kent Hughes)와 버지(Gary M. Burge)는 8장과 9장의 상관성에 대해서만 주목했다. R. Kent Hughes,

어셔트(Gerald L. Borchert)는 9장에 와서야 눈먼 사람 이야기가 소개되고 있는데, 9장이 앞의 7.8장에서 이루어진 논의들을 실례를 들어 요약해 주는 중요한 역할을 한다고 주장한다.[17] 팬카로(Severino Pancaro)는 7.14f와 9.28f 그리고 7.49와 9.34의 유사성에 주목한다. 그에 따르면, 7.14f에서 예수는 자신의 교훈이 하나님으로부터 왔다고 주장하고 있으나 바리새인들은 이를 인정하지 않았고, 9.28f에서도 역시 바리새인들은 모세가 그의 가르침을 하나님으로부터 받은 것은 알고 있으나 예수가 그의 가르침을 어디서 받았는지는 알지 못한다고 하면서 예수를 부인하고 있다.[18] 7.49와 9.3는 예수를 믿은 사람은 더 이상 유대인 편에 속하지 않고 율법의 공동체로부터 분리되었다는, 동일한 사상을 보여 준다.[19] 탈버트(Charles H. Talbert)를 비롯한 몇몇 학자들은 9장이 8장 12에 대한 주석이라고 간주하기도 한다.[20]

John-That You May Believe(Wheaton: Crossway Books, 1999), 255. Gary M. Burge, *John The NIV Application Commentary-From biblical to contemporary life,* 271.

17) Gerald L. Borchert, *The New American Commentary*(USA: Broadman and Holman Publisher, 1996), 310.

18) Severino Pancaro, *The Law In the Fourth Gospel-The Torah and the Gospel Moses and Jesus, Judaism and Christianity according to John*(Leiden: E. J. Brill, 1975), 108-109.

19) *Ibid.,* 110.

20) Charles H. Talbert, *Reading John-A Literary Theological Commentary on the Fourth Gospel and the Johannine Epistles*(New York: Crossroad, 1992), 158. A. M. Hunter, *The Gospel According to John*(Cambridge: Cambridge Unversity Press, 1965), 95. Leon Morris, *Jesus in the Christ-Studies in the Theology of John*(Grand Rapids: William B. Eerdmans Publishing Company, 1989), 35. J.

9장을 앞 장들과 연결시키려는 시도와는 달리, 뒤에 따라오는 10장과 연결된 것으로 보려는 시각도 있다. 엔소(Peter W. Ensor)는 9장과 10장을 하나로 묶을 수 있고, 적어도 눈먼 사람의 치료를 언급한 10.21까지는 하나의 단락으로 보아야 한다고 주장한다.[21] 몰로니(Francis J. Moloney)는 유대교 지도자들이 선한 목자와는 달리 눈먼 사람, 도둑, 강도, 낯선 사람, 그들의 양을 돌보지 않는 고용인들 등으로 비난받고 있다는 점에서 9.39-10.13을 하나의 단락으로 간주한다.[22] 린다스와 그 동료들(Barnabas Lindars, Ruth B. Edwards, John M. Court)은 9장이 예수가 제공한 시각과 바리새인들의 영적인 눈멈이 갈등하는 10장을 준비하는 역할을 하는 것으로 보았고[23], 하트(J. Stephen Hart)는 9장이 선한 목자에 대한 가르침으로 직접적으로 이끌어 주는 역할을 한다고 보았다.[24]

9장의 위치에 대한 기타 연구로, 베이언(Margaret M. Beirne)은 5

C. Fenton, *The Gospel According to John-In the Revised Standart Version*(Oxford: Oxford University Press, 1989), 104-105. Robert Kysar, *John's Story of Jesus*(Philadelphia: Fortress Press, 1984), 49. George Mlakuzhyil, *The Christocentric Literary Structure of the Fourth Gospel,* 317.

21) Peter W. Ensor, *Jesus and His Works-The Johannine Sayings in Historical Perspective*(Tübingen: J. C. B. Mohr, 1996), 99.

22) Francis J. Moloney, *Signs and Shadows-Reading John 5-12*(Minneapolis: Fortress Press, 1996), 117.

23) Barnabas Lindars, Ruth B. Edwards&John M. Court, *The Johannine Literature-With and Introduction by R. Alan Culpepper*(Sheffield: Sheffield Academic Press, 2000), 91.

24) J. Stephen Hart, *A Companion To St. John's Gospel*(Carlton: Melbourne University Press, 1952), 121.

장에서 12장을 하나로 묶으면서 9장을 11장과의 연관성 속에서 보는데, 9장의 눈먼 사람을 고치는 사건과 11장에서 나사로를 일으키는 것은 모두 신앙-불신앙 간의 갈등이 최고조에 이르는 사건들이라는 것이다.[25] 하워드는 2장부터 19장까지를 7의 단락으로 구분되는 하나의 큰 대칭구조로 묶고 5장을 C, 9장을 C'에 위치시킨다.[26] 믈라쿠즈힐(George Mlakuzhyil)은 "예수의 사역, 기적, 논의"라는 주제로 5-10장을 하나로 묶기도 한다.[27]

9장의 구조에 대한 연구는 학자들에 따라 본문을 3단락, 6단락 혹은 7단락으로 구분한다. 먼저, 본문을 3단락으로 구분하는 학자들을 살펴보면, 리는 본문을 9.1-7(사람의 치료와 심판에 관한 질문); 9.8-34(심문과 갈등의 고조); 9.35-41(사람의 계몽과 유대인에 대한 심판)로 구분한다.[28] 카슨(D. A. Carson)은 본문을 9.1-12(표적), 9.13-34(바리

---

25) Margaret M. Beirne, *Women and Men in the Fourth Gospel-A Genuine Discipleship of Equals*(Sheffield: Sheffield Acamemic Press, 2003), 107.

26) A. 가나의 혼인잔치(2.1-12; 인물: 예수의 어머니); B. 죽은 아들의 회복(4.46-53; 인물: 왕의 신하); C. 베세다에서의 안식일 치유(5.1-16; 인물: 다리를 저는 장애인); D. 오병이어(6.1-71; 인물: 베드로); C'. 눈먼 사람의 안식일 치유(9장; 인물: 눈먼 사람); B'. 나사로의 부활(11.1-44; 인물: 마리아와 마르다); A'. 예수의 죽음의 시간(19.25-37; 인물: 예수의 어머니). Jame M. Howard, "The Significance of Minor Characters in the Gospel of John", Bibliotheca Sacra 163(2006), 64.

27) George Mlakuzhyil, The Christocentric Literary Structure of the Fourth Gospel, 318-19.

28) Dorothy A. Lee, *The Symbolic Narrative of the Fourth Gospel-Interplay of Form and Meaning*, 165. 리와 동일하게 요한복음 9장을 9.1-7; 9.8-34; 9.35-41로 구분하는 학자들은 다음과 같다. Gary M. Burge, *John The NIV Application Commentary-From biblical text to comtemporary life*, 271-272. J. Stephen Hart, *A Companion to St. John's Gospel*, 121.

새인들에 의한 심문), 9.35-41(눈멀었던 사람의 보임과 보았던 사람의 눈멈)로 구분한다.[29] 존스(Larry Paul Jones)는 본문을 9.1-14(예수가 눈먼 사람을 치료함); 9.15-34(공동체가 치료에 반응함); 9.35-41(예수가 눈먼 사람과 공동체에 반응함)로 구분한다.[30]

슈나켄부르크(Schnackenburg)는 본문을 6단락으로 구분한다. 9.1-7(시력을 받음); 9.8-12(사람들이 기이한 현상에 놀람); 9.13-17(바리새인들의 심문); 9.18-23(부모님의 이야기); 9.24-34(두 번째 심문); 9.35-41(시력과 눈멈의 절정).[31] 브루스(F. F. Bruce)도 역시 6단락으로 나눈다. 9.1-12(실로암 연못); 9.13-17(바리새인들에 의한 심문); 9.18-23(부모들에 대한 심문); 9.24-34(눈먼 사람에 대한 두 번째 심문), 9.35-38(신앙고백); 9.39-41(눈멈에 대한 판단).[32]

본문을 7단락으로 구분하려는 시도는 두 가지 시도로 다시 대별된다. 첫째는 7단락을 하나의 줄기로 나열하려는 시도이고, 둘째는 7단락을 대칭구조로 나열하려는 시도이다. 먼저 7단락을 하나의 줄기로 나열하

---

29) D. A. Carson, *The Gospel According to John*, 361-379. 고데트(Frederic Louis Godet)도 카손과 동일하게 단락을 구분한다. 9.1-12(사실); 9.13-34(심문); 9.35-41(윤리적 결과). Frederic Louis Godet, *Commentary on John's Gospel*(Grand Rapids: Kregel Publication, 1978), 685-699.

30) Larry Paul Jones, *The Symbol of Water in the Gospel of John*, 163.

31) Rudolf Schnackenburg, The Gospel According to St. John vol. 2(New York: The Corss Road Publishing Company, 1982), 239. 브로디(Thomas L. Brodie)도 슈나켄부르크와 동일하게 구분한다. Thomas L. Brodie, *The Gospel According to John-A Literary and Theological Commentary*(New York: Oxford University Press, 1993), 343-353.

32) F. F. Bruce, *The Gospel of John*, 208-221.

려는 시도를 살펴보면 다음과 같다. 쿨페퍼(R. Alan Culpepper)와 해링턴(Daniel J. Harrington)은 9장을 9.1-7(눈먼 사람의 치유); 9.8-12(이웃들과 눈먼 사람); 9.13-17(바리새인들이 눈먼 사람에게 질문함); 9.18-23(바리새인들이 눈먼 사람의 부모에게 질문함); 9.24-34(바리새인들이 눈먼 사람에게 두 번째 질문함); 9.33-39(예수가 눈먼 사람에게 질문함); 9.40-41(예수가 바리새인들에게 응답함)로 나눈다.[33] 마틴(J. Louis Martyn)은 9장을 장소를 기준으로 7단락으로 나누고 있다. 9.1-7(예루살렘이 있는 성전 근처의 한 거리); 9.8-12(눈먼 사람의 집 근처); 9.13-17(예루살렘의 산헤드린); 9.18-23(동일한 재판정); 9.24-34(동일한 재판정); 9.35-38(한 거리); 9.39-41(동일한 거리).[34] 쿡(Guillermo Cook)은 두 항목 간의 대결을 중심을 7단락으로 구분하였다. 9.1-7(신학적 문제 vs 행동에 대한 도전); 9.8-13(우유부단 vs 정직); 9.14-17(안식일 vs 샬롬); 9.18-23(지위 vs 결속); 9.34(전통 vs 증언); 9.35-38(비인간화 vs 인간화), 9.38-41(테이블이 돌아가다).[35]

9장을 7단락으로 나누되 대칭구조로 구성되어 있다고 보는 학자

---

[33] R. Alan Culpepper, *The Gospel and Letters of John,* 174. Daniel J. Harrington, *John's Thought and Theology An Introduction*(Wilmington: Michael Glazier, Inc., 1990), 60. 해링턴은 쿨페퍼와 단락 구분은 동일하지만 단락의 제목은 달리하고 있다.

[34] 마틴은 절 구분은 동일하지만 인물을 중심으로 다른 제목을 붙이기도 한다. 헨드릭슨도 마틴과 동일하게 단락을 나눈다. J. Louis Martyn, *History and Theology in the Fourth Gospel*(Louisville: Westminster John Knox Press, 2003), 40-45. William Hendriksen, *New Testament Commentary-Exposition of the Gospel According to John*(Grand Rapids: Baker Book House, 1989), 71-94.

[35] Guillermo Cook, "Seeing, Judgin and Acting: Evangelism in Jesus Way according to John 9", *Evangelical Review of Theology* 16(1992): 251-261.

들도 있다. 듀크(Paul D. Duke)는 A. 9.1-7(예수와 눈먼 사람), B. 9.8-12(눈먼 사람과 이웃들), C. 9.13-17(눈먼 사람과 바리새인들), D. 9.18-23(바리새인과 부모들), C'. 9.24-34(눈먼 사람과 바리새인들), B'. 9.35-38(눈먼 사람과 예수), A'. 9.39-41(예수와 바리새인들)의 대칭구조로 분석한다.[36] 하워드-브룩(Wes Howard-Brook)은 9장을 A. 9.1-5(도입: 예수와 제자들 그리고 죄와 눈멈에 대한 질문: 예수와 세계); B.9.6-7(예수와 눈먼 사람: 신체적 치유: 공동체로의 초대); C.9.8-17(이웃들과 구경꾼들/바리새인들과 치유된 사람: 첫 번째 증언); D.9.18-23(유대인들과 부모: 증언에 대한 거절); C'. 9.24-34("그들"과 치유된 사람: 모세와 두 번째 증언); B'. 9.35-38(예수와 치유된 사람: 영적인 치유: 공동체로의 수용); A'. 9.39-41: 결론: "그와 함께 있는" 예수와 바리새인들: 죄와 눈멈에 대한 질문: 예수와 세계)로 구분한다.[37]

9장의 단락 구분에 대한 기타 연구로, 몰로니는 9.39-10.21을 하나의 단락으로 묶어서 모두 8단락으로 구분하기도 한다.[38] 휴즈는 9.1-5

---

36) Paul D. Duke, *Irony in the Fourth Gospel*(Atlanta: John Knox Press, 1973), 118.

37) Wes Howard-Brook, *Becoming Children of God-John's Gospel and Radical Discipleship*(Maryknoll, New York: Orbis Books, 1994), 211.

38) 9.1-5(예수와 제자들); 9.6-7(예수와 눈먼 사람); 9.8-12(눈먼 사람과 그의 이웃들); 9.13-17(눈먼 사람과 바리새인들); 9.18-23(바리새인들과 눈먼 사람의 부모들); 9.24-34(바리새인들과 눈먼 사람); 9.3-38(예수와 눈먼 사람); 9.39-10.21(예수와 바리새인들). Francis L. Moloney, *Signs and Shadows-Reading John 5-12*, 118. 패인터는 몰로니와 다르게 본문을 8단락으로 구성한다. 9.1-5(예수와 제자들); 9.6-7(예수와 눈먼 사람); 9.8-12(눈먼 사람과 이웃들); 9.13-17(눈먼 사람과 바리새인들); 9.18-23(유대인과 눈먼 사람의 부모); 9.2-34(예수와 눈먼 사람); 9.39-41(예수와 바리새인들). John

를 예수의 기적을 위한 도입부로 간주하고 그리스도의 빛이라는 공통적인 주제로 9.6-12(그리스도 빛의 작용); 9.13-34(그리스도 빛의 논쟁); 9.39-41(그리스도 빛의 수용과 거절)로 구분하기도 한다.[39]

9장에 사용된 문학적 기술에 관한 연구들도 진행되었다. 먼저 스텔리(Jeffrey L. Staley)는 고대 히브리 내러티브의 특징을 제시하면서 요한복음 9장을 그 틀에서 설명하려고 시도한다. 먼저 요한복음에 나타나는 고대 히브리 내러티브의 4가지 양식은 다음과 같다. 1) 외모, 태도, 의도의 관점에서의 인물에 대한 내레이터의 묘사 2) 어떤 인물의 다른 사람에 대한 평가 3) 등장인물의 직접적인 발언 4) 방백(inward speech). 또한 그는 고대 히브리 내레이터들이 믿을 만하고 전지적이며 묘사의 명확성을 확보하고 있다는 점을 제시하면서, 요한복음서의 내레이터도 동일하다고 주장한다. 그러나 한편 히브리의 내레이터들은 문체가 짧고 그들의 특징을 이용하는 데 있어서 고도로 선택적이라고 언급하고 요한복음서도 이러한 현상이 두드러진다고 주장한다.[40] 그는 이러한 전망에서 요한복음 9장에 대한 분석을 시도한다.[41]

대처(Tom Thatcher)는 안식일 트릭(Sabbath Trick)에 대한 연구를 진행하였다. 쿨페퍼, 오데이(Gail R. O'Day) 등이 요한복음에 등장

Painter, "John 9 and the Interpretation of the Fourth Gospel", *JSNT* 28(1986), 37.

39) R. Kent Hughes, *John-That You May Believe*, 256-261.

40) Jeffrey L. Staley, "Stumbling in the Dark, Reaching for the Light: Reading Character in John 5 and 9", 57.

41) *Ibid.*, 64-69.

하는 아이러니가 효과적이고 안정적이라고 본 반면,[42] 대처는 요한의 아이러니가 매우 불안정하고 독자의 기대를 체계적인 방법으로 무너뜨린다고 주장한다.[43] 그중 하나가 안식일 트릭인데, 이는 독자가 예수의 행동에 대하여 발전시키는 일반적인 기대에 근거하고 있다. 요한복음은 예수의 기적 행위를 독자에게 믿음을 불러일으키도록 의도된 예수의 신성한 정체성의 '표적들'로 제공한다. 이런 이유 때문에 많은 표적 이야기들은 예수가 행한 표적 때문에 예수를 믿게 된다는 공식으로 결론을 내린다(2.11,23; 4.53; 9.38; 11.45; 20.28-29). 결과적으로 독자들은 요한복음의 개별적인 기적 이야기들의 플롯이 믿음에 관한 진술의 방향으로 계속될 것이라고 믿게 된다. 그러나 안식일 트릭은 갑자기 예수가 그의 정체성을 드러내려는 시점에서 그가 안식일의 위반자라는 정보를 주고, 이야기의 사건은 안식일 위반으로 초래된 결과를 펼쳐 낸다. 결과적으로, '안식일이었다'는 갑작스러운 정보 유출은 독자로 하여금 치유 이야기와 자신의 요한복음 독서 전략을 다시 평가하도록 만든다.[44] 안식일 트릭은 '구조의 붕괴(deconstruction)'를 그 특징으로 하는 후기 구조주의 해석학에서 채용한 독서 전략의 유형과 현저하게 유사하다.[45]

브라운(R. E. Brown)은 요한기자가 시각과 눈멈이 교차적으로 확장시키고 있다는 점을 주목한다. 눈먼 사람은 3차례에 걸쳐 지식을 얻었

---

42) Tom Thatcher, "The Sabbath Trick: Unstable Irony in the Fourth Gospel", 53-54.

43) *Ibid.*, 54.

44) *Ibid.*

45) *Ibid.*, 55.

기 때문에 자신의 무지함을 고백한다(12, 25, 35절). 반면 바리새인들은 예수에 대하여 점점 무지해져 가고 3차례에 걸쳐 그들이 그를 알고 있다는 확신에 찬 발언을 한다(16,24,29절).[46] 한편 헨드릭슨은 요한복음 9장에 삼단논법이 있다는 점을 발견하고 이를 통해서 본문을 해석하려고 시도하기도 한다.[47]

본문의 출전에 관한 연구들 중 먼저 본문의 내용 중 요한기자의 저작 혹은 편집에 관한 연구를 살펴보면, 불트만은 4-5절, 22-23절, 29f, 그리고 39-41 등은 복음서기자가 첨부한 것이며, 16f와 35-38에는 편집자의 흔적이 나타난다고 주장한다.[48] 헨첸(Ernst Haenchen)은 요한복음 9장이 편집자의 첨가 없이 구성되었으며, 오직 4-5절이 복음서기자의 것이며 아마도 39-41이 첨가되었을 것이라고 주장한다.[49] 패인터는 핸첸의 의견에 부분적으로 동의하면서 9.12-

---

46) R. E. Brown, *The Gospel According to John(i-xii)*(New York: Doubleday & Company, 1966), 377. 브라운과 같은 견해를 가진 학자들은 다음과 같다. George Mlakuzhyil, *The Christocentric Literary Structure of the Fourth Gospel,* 317-318. Jey J. Kanagaraj, *'Mysticism' in the Gospel of John,* 305. R. Alan Culpepper, *The Gospel and Letters of John,* 177. J. M. Lieu, "Blindness in the Johannine Tradition", 83.

47) 헨드릭슨은 모두 5개의 삼단논법을 제시하는데, 그가 제시하는 삼단논법의 예를 들면 다음과 같다. 대전제: 하나님으로부터 온 모든 사람은 안식일을 지킨다. 소전제: 이 사람(예수)은 안식일을 지키지 않는다. 결론: 이 사람은 하나님으로부터 오지 않았다. William Hendriksen, *New Testament Commentary Exposition of the Gospel According to John,* 81-89.

48) Rudolf Bultman, *The Gospel of John-A Commentary* trans. by G. R. Beasley-Murray, General Editor R. W. N. Hoare and J. K. Riches(Philadelphia: The Westminster Press, 1971), 329.

49) Ernst Haenchen, *John 2-A commentary on the Gospel of John chapters 7-21*

39도 복음서기자의 것으로 주장한다.[50]

요한복음 9장에 사용된 전승에 관한 연구를 살펴보면 다음과 같다. 불트만은 기적이야기가 5장과 마찬가지로 $\sigma\eta\mu\epsilon\iota\alpha$ 자료로부터 왔다고 주장한다.[51] 패인터는 눈먼 사람이야기가 요한기자에 의해서 사용된 기적 전승의 일부라고 주장하면서, 이 기적이야기들은 회당의 구성원을 얻기 위한 복음적 자료로서 존재했을 것이라고 추정한다.[52] 엔서(Peter W. Ensor)는 9.1, 6, 7이 전통적인 치유 이야기를 포함한다고 주장하면서, 이를 뒷받침하기 위하여 8가지 전통적 요소들을 제시한다.[53] 맥 그래스(James F. McGrath)는 요한복음 9장과 마가복음

---

trans. Robert W. Funk ed. Robert W. Funk with Ulrich Busse(Philadelphia: Fortress Press, 1984), 41.

50) 패인터는 9.12-39에는 많은 상징이 포함되어 있는데, 이 상징들이 복음서기자로부터 비롯되었다는 점을 논거로 제시한다. John Painter, "John 9 and the Interpretation of the Fourth Gospel", 32. 그는 자신의 다른 저서에서는 9.8-38을 요한기자의 것으로 간주하기도 한다. John Painter, *The Quest for Messiah-The History Literature and Theology of the Johannine Community*(Edinburgh: T&T Clark, 1991), 261.

51) Rudolf Bultman, *The Gospel of John-A Commentary* trans. by G. R. Beasley-Murray, General Editor R. W. N. Hoare and J. K. Riches, 329.

52) John Painter, "Johannine Symbols: A Case Study in Epistemology", 27.

53) 엔서가 제시하는 전통적 치유 이야기들의 8가지 요소는 다음과 같다. a. 질병에 대하여 묘사하고 예수의 치료행위가 뒤따르며 치료를 확신하는 순서로 구성된 이야기의 형식. b. 1절의 $\pi\alpha\rho\alpha'\gamma o\nu$이라는 단어는 막1.16; 2.14, 마9.27; 20.20을 생각나게 한다. c. 예수가 눈먼 사람을 고쳐 줬다는 사실은 공관전승과 잘 일치한다. d. 6절에서 침을 사용한 것은 막8.22-26과 일치한다. e. 침과 흙으로 점토를 만든 것은 공관전승과 일치하지는 않으나, 반드시 창작되었다고 볼 필요도 없다. f. 눈먼 사람에게 가서 씻으라고 말한 것은 공관 복음서에 나타난 예수의 일반적인 치료 방법과 일치한다. g. 요한기자가 실로암이라는 연못에 대하여 설명하고 있는 것은 전승 속에 나타난 한 요소를 연대기적으

8-9장의 유사성을 4가지로 제시하면서, 요한이 마가가 사용한 내러티브나 그것을 둘러싸고 있는 자료와 유사한 전승단위를 알고 있었을 것이라고 추정한다. 그는 또한 이른바 마가복음 10장과 그 평행구절들에 나타난 눈먼 사람의 치유에 대한 공관복음서의 언급으로부터 몇 가지 요소들을 취했을 것이라고 추정한다.[54] 류(J. M. Lieu)는 요한복음 9장에 사용된 '$τυφλοω$'와 '$πωροω$'가 요한기자의 독자적인 용어가 아니라 사 6.9-10을 해석하는 넓은 전승의 일부를 채용하고 있다고 주장한다.[55]

로 사용하고 있기 때문일 것이다. h. 예수가 눈먼 사람을 고치는 데 있어서 주도권을 가지고 있다는 점은 그 이야기의 비역사적 성격을 뒷받침하는 표시로 간주되지만, 공관 전승에서도 예수는 사람들을 치유하는 데 있어서 주도권을 가지고 있었다. Peter W. Ensor, *Jesus and His Works-The Johannine Sayings in Historical Perspective*, 101-102. 포르트나(Robert Tompson Fortna)도 9.1,6,7이 요한 이전의 전승자료에 포함되어 있다고 간주한다. Robert Tompson Fortna, *The Fourth Gospel and Its Predecessor*(Edinburgh: T&T Clark, 1988), 109.

54) 맥 그래스는 요한복음 9장과 마가복음 8-9장 사이의 평행을 다음과 같이 4항목으로 정리한다. (1) 침을 사용하고 만짐으로써 눈먼 사람이 치유되었다(요9.6; 막8.23). (2) 앞을 못 보나 영적인 것을 볼 수 있고 앞을 보나 영적인 것을 못 보는 비유적인 묘사는 바리새인들에 대한 언급과 연관성 속에서, 그리스도에 대한 반응에 대한 상징으로 설명된다(요9.39-41; 막8.15,17-18). (3) 예언자, 그리스도 그리고 인자라는 호칭이 동일한 순서로 등장한다(요9.17,22,35; 막8.28-31). (4) 예수와 모세의 관계가 언급되었다(요9.28-29; 막9.2-7). James F. McGrath, *John's Apologetic Chritology-Legitimation and development in Johannine Christology*(Cambridge: Cambridge University Press, 2001), 175-77.

55) 류는 바울과 마가도 동일한 용어를 사용함에 있어서 사6.9-10과 연관시키고 있다는 점을 근거로 제시한다. J. M. Lieu, "Blindness in the Johannine Tradtion", 87-88. 요한복음 9장과 이사야서의 연관성을 찾으려는 시도를 한 학자들은 다음과 같다. J. Duncan M. Derrett, "John 9.6 Read with Isaiah 6.10; 20.7", 251-54. J. C. Fenton, *The Gospel According to John*, 105.

실로암에 관한 연구는 다음과 같이 진행되었다. 먼저 몇몇 학자들은 실로암의 역사적 기원과 어원에 대하여 밝혔다.[56] 한편, 쾨스터(Craig R. Koester)는 Shiloam 혹은 Shiloah라는 단어가 유대인들에게 메시아를 지칭하는 용어인 Shiloh와 유사하다는 점을 지적하면서 실로암이 사실은 하나님이 보낸 메시아의 연못이라고 주장한다.[57] 버지와 로더는 실로암이 예수를 가리키는 상징적 기능을 수행한다고 주장한다.[58] 반하트(Bruno Barnahrt)는 실로암이 세례와 연관되어 있다고 주장한다.[59] 그릭스비(Bruce Grigsby)는 실로암에 대한 종합적인 연구를 진행했다. 그는 실로암의 기능을 제의적인 영역과 예언자적 영역으로 나누어 설명했으며, 복음서기자가 실로암의 상징적 기능을 자신의 생명의 물 모티프와 연결시키려고 시도했다고 주장한다.[60]

---

56) 역사적 기원과 어원에 주목한 학자들은 다음과 같다. Gerald L. Borchert, *The New American Commentary John 1-11*, 315. George R. Beasley-Murray, *John*, 63. F. F. Bruce, *The Gospel of John-Introduction, Exposition and Notes*, 210. Leon Morris, *Reflections on the Gospel of John-Bread of Life John 6-10*, 351.

57) Craig R. Koester, *Symbolism in the Fourth Gospel-Meaning, Mystery, Community*, 108. 실로암을 메시아와 연결시킨 학자들은 다음과 같다. D. A. Carson, *The Gospel According to John*, 364. Frederic Louis Godet, *Commentary on John's Gospel*, 689. A. M. Hunter, *The Gospel According to John*, 96.

58) Gary M. Burge, *John-The NIV Application Commentary From Biblical text to contemporary life*, 273. William Loader, *The Christology of the Fourth Gospel-Structure and Issues*(New York: Peter Lang, 1992), 48.

59) Bruno Barnhart, *The Good Wine-Reading John from the Center*, 113.

60) Bruce Grigsby, "Washing in the Pool of Siloam-A Thematic Anticipation of the Johannine Cross", 227-235. 그릭스비는 실로암의 물이 상징적으로 영원한 생명을 분배하며, 죄를 씻어주고, 메시아적으로 해석될 수 있다고 주장한다.

요한복음 9장에서 메시아에 관한 연구는 두 갈래 나뉘어져 진행되어 왔다. 한 갈래는 실로암과 메시아의 관련성에 관한 연구이고, 다른 한 갈래는 9.35의 '인자'에 관한 연구이다. 전자에 관한 연구는 위에서 '실로암'에 관하여 언급하면서 취급하였으므로, 여기서는 후자에 관한 연구만 살펴보기로 한다. 데이비스(Margaret Davies)는 '인자'의 사용에 대하여 검토했다. 다니엘 7장의 '인자'가 에녹서와 같은 묵시 문학에 영향을 주었다고 주장하면서 에디오피아 에녹 1서 46.2,3,4; 48.2 등의 예를 제시한다.[61] 공관복음서에서 사용된 '인자'는 'ὁ υἱὸς τοῦ ἀνθρώπου' 그 형태가 고정되어 있는데, 역시 다니엘서 7장의 영향을 받았을 것이라고 주장한다.[62] 그는 또한 요한복음 9장 35절의 경우, 많은 사본들에서 '하나님의 아들'을 채용하기도 하지만 '인자'가 정확한 읽기라고 언급한 뒤, '인자'가 심판에 관한 이후의 진술에 대한 도입부 역할을 하며 독자의 예수의 인간적 연약성에 대한 인식을 환기시키는 기능을 한다고 주장한다.[63] 카손은 '인자'가 '그리스도'나 '주'와 동의어가 아니라 인간을 향한 하나님의 계시라고 주장한다.[64] 휘터스(Mark F. Whitters)는 성경은 예언자들이 하나님으로부터 내려온 자들이고 하나님은 에녹과 엘리야 같은 소수의 사람들을 선택해서 하늘로 올렸는데, 예수는 자신을 내려오기도 하고 올라가기도 하는 '인자'로 지칭

---

61) Margaret Davies, *Rhetoric and Reference in the Fourth Gospel*, 182-83.

62) *Ibid.*, 186.

63) *Ibid.*, 193. 보셔트와 프라이어도 '인자'의 심판자적 이미지를 강조한다. Gerald L. Borchert, *The New American Commentary John 1-11*, 324. John W. Pryor, "The Johannine Son of Man and the Descent-Ascent Motif", 345-46.

64) D. A. Carson, *The Gospel According to John*, 376.

하고 있다고 언급하면서, '인자'는 요한복음서에서 신적인 지위를 나타내고 있다고 주장한다.[65] 반면, 뮐러(Mogenes Müller)는 9.35의 '인자'를 6.27, 53, 62의 그것과 동일한 것으로 취급하면서 '인자'가 단순히 화자에 대한 완곡어법에 불과하다고 주장한다.[66]

상징에 관한 논의를 살펴보면 다음과 같다. 쿨만(Oscar Cullmann), 브라운(R. E. Brown), 바레트(C. K. Barret)는 요한복음 9장의 상징을 성례전과 연결시킨다.[67] 그러나 패인터는 이러한 해석에 반대한다. 그에 따르면 요한복음서의 물은 두 가지를 상징한다. 하나는 요한의 세례에서 언급된 물로서, 그는 초기 교회들에서 그리스도교의 세례를 의미했을 것(3.5) 후에는 물 세례가 믿음의 공개적인 고백(9.22; 12.42)으로 그 기능이 대치되었을 것으로 추정한다.[68] 다른 하나는 인간에 생명에 대한 갈구를 충족시켜 주는 상징으로서의 물(4.10,14; 7.37)이다. 그러나 예수는 자신이 '물'이라고 언급하지 않고 '물의 수여자'라고 언급한다. 바로 이

---

65) Mark F. Whitters, "Disciples in John: Four Profiles", 427.

66) 뮐러는 다음과 같은 논거를 제시한다. 첫째, 6.35, 48, 51의 Ἐγω' εἰμι 구절에는 '인자'가 등장하지 않는다는 것이다. 둘째, 6.29과 같이 '아버지'가 주어로 사용된 구절에도 '인자'가 언급되지 않는다는 것이다. 셋째, 6.40과 6.62를 비교해 보면 62절의 '인자'는 '아들' 대신에 사용된 용어일 뿐이라는 것이다. 그는 이런 점들이 9.35의 '인자'가 화자의 완곡어법에 불과하다는 점을 지지해 준다고 주장한다. Mogenes Müller, "Have You Faith in the Son of Man?", 291-94.

67) O. Cullmann, *Early Christian Worship*, 117. R. E. Brown, *The Gospel According to John*(i-xii), cxi-cxii. C. K. Barrett, *The Gospel According to St. John*(London: SPCK, 1955), 69f.

68) John Painter, "John 9 and the Interpretation of the Fourth Gospel", 44-45.

점에서 그는 물을 성례전적으로 해석하는 것을 반대한다.[69] 그는 더불어 요한의 상징의 기원[70], 상징의 목적[71], 상징의 기능[72] 등에 대하여 논의한다. 플리히(John Plich)는 눈먼 사람의 치유가 상징적 치유라고 주장하면서, 그 4단계를 제시한다. 첫 번째 단계는 상징적 다리를 건설하는 것이다. 상징적 다리는 개인의 경험(예를 들면 눈멈), 사회적 관계(가족, 이웃 그리고 바리새인들과의 관계), 그리고 사회적 의미(죄, 빛, 생명) 등을 연결시킨다. 두 번째 단계는 병자를 신화적 세계에 연결시키는 것이다. 예수는 제자들에게 눈먼 사람이 그를 보낸 자의 일들을 할 것이라고

---

69) *Ibid.*, 45-46.

70) 패인터는 요한 상징의 기원을 로고스에서 찾는다. 로고스는 예수 안에 성육신이 되었는데, 로고스에 의해서 창조된 인간도 하나님의 말씀을 듣고 그에 응답하는 것이 가능한 존재적 구조를 갖고 있다는 것이다. 이러한 점 때문에 그는 인간이 상징을 이해하고 창조할 수 있다고 본다. John Painter, "John 9 and the Interpretation of the Fourth Gospel", 48. John Painter, "Johannine Symbols: A Case Study in Episemology", 32-35.

71) 패인터는 요한복음 9장에 사용된 상징의 목적을 세 가지로 정리한다. 첫째, 불신앙의 문제를 취급하도록 의도되었다. 신앙인들은 모든 사람의 눈이 멀었고, 어둠 속에 있으며 그들 중에는 스스로 본다고 생각하는 사람도 있다는 점(9.39ff)을 회상하게 된다. 둘째, 예수를 믿지 않는 사람들은 그들 자신의 삶을 해석하는 상징들에 직면하게 된다. 상징은 계시의 심판적 특징을 보여 준다. 셋째, 상장은 믿은 자들에게 새로운 이해를 가져다준다. 9장의 이야기는 모든 사람들이 시각, 빛이라는 선물을 예수로부터 받아야 할 필요가 있다는 점을 보여 주도록 의도되었다(9.4-5,39-41). John Painter, "John 9 and the Interpretation of the Fourth Gospel", 52. John Painter, "Johannine Symbols: A Case Study in Episemology", 35-36.

72) 요한복음 9장에서 빛이라는 상징은 계시자 안에 있는 진리를 인식하는데 사람들이 실패했다는 데 주의를 기울이도록 초점을 맞추고 있다. 또한 9장은 '나는 세상의 빛이다(8.12; 9.5)'라는 진술의 의미를 공개하는 기능을 수행한다. John Painter, "John 9 and the Interpretation of the Fourth Gospel", 53-54. John Painter, "Johannine Symbols: A Case Study in Episemology", 36-37.

설명한다. 이것은 예수가 눈먼 사람과 그의 상직 세계를 연결시키는 것이다. 세 번째 단계는 매개적 상징이다. 요한기자는 예수가 매개적 상징들로서 침과 진흙을 사용하여 치료하고 있다고 묘사한다. 네 번째 단계는 확증이다. 예수는 특수화된 상징적 의미가 변화되었다는 점을 확증한다. 치유는 이 변화를 문화적 일로 만든다. 예수는 정신생리학적 과정을 의미 있는 경험으로 변화시킨다(시각을 회복하고 신선한 통찰력을 다시 얻었고, 공동체에 회복될 수 있는 권리를 얻었고, 예수와 그의 추종자들과의 교제권에 들어갈 능력을 얻게 되었다).[73] 몇몇 학자들은 요한복음 9장에 제시된 개별적인 상징들에 대한 해석을 내놓기도 했다. 존스(Larry Paul. Jones)는 '물'이 유대교 전통 위에서의, 그러나 유대교를 초월하는 새로운 출발을 상징한다고 주장한다.[74] 휘터스는 눈먼 사람이 예수 사역의 상징(9.3-5)의 기능을 한다고 주장한다.[75] 펜톤은 '보는 것'이 믿음을 상징하는 것으로 간주한다.[76] 보셔트는 빛과 어두움이 고대의 보편적 종교 상징들로서 선과 악이라는 주제를 상징한다고 주장한다.[77] 쿨페퍼(R. Alan Culpepper)는 낮과 밤이 빛과 어둠이라는 핵심적인 상징들에 대

---

73) John Plich, *Healing in the New Testament-Insight from Medical and Mediterranean Anthropology*, 131-37.

74) Larry Paul Jones, *The Symbol of Water in the Gospel of John*, 177.

75) Mark F. Whitters, Disciples in John: Four Profiles, 426.

76) J. C. Fenton, *The Gospel According to John,* 105.

77) 보셔트는 밤과 낮이라는 상징적 대조가 부활 이후의 시대를 살아가는 초기 그리스도인들에게 하나님의 어린양의 죽음이라는 '밤' 뒤에(13.30), 주의 부활이 다시 나타나는 '낮'이 올 것이라는 점(21.3-4)을 기억하게 해 주는 역할을 했을 것이라고 주장한다. Gerald L. Borchert, *John 1-11 The New American Commentary*, 314.

한 하부 상징이라고 간주한다.[78] 카이사(Robert Kysar)는 눈먼 사람의 육체적 질병에 대한 치유가 영적인 눈멈에 대한 치유의 상징이라고 주장한다.[79] 그 외에 그릭스비를 비롯한 일부 학자들은 위에서 언급한 바와 같이 실로암의 상징적 기능에 주목하기도 했다.[80]

마틴은 요한복음 9장에 관한 연구를 진행하면서 두 단계로 나누어 서술하고 있다. 하나는 본문이 예수 당시의 einmalig 사건에 대한 증언이고 다른 하나는 요한 교회에 의해 실제로 경험된 예수의 강력한 존재에 관한 증언이라는 것이다.[81] 마틴의 이러한 주장에 순응이라도 하듯, 본문의 사건에 관한 연구는 예수 당시의 정황에 대한 연구와 요한공동체의 정황에 관한 연구로 나뉘어 진행되어 왔다. 먼저 예수 당시의 정화에 관한 연구를 살펴보면, 말리나(Bruce J. Malina)와 로어바우(Richard L. Rohrbaugh)는 요한복음 9장에 관하여 사회학적으로 주석하면서 죄, 민간 치료자에 관한 이해를 강화해 주었다. 이들에 따르면, 죄는 사람들 사이의 관계의 파손이다. 죄는 다른 사람을 부끄럽게 하거나 불명예스럽게 하는 것이다. 이들 불명예의 정도는 3단계로 구분될 수 있다. 첫 번째 단계는 회복이 불가능하게 다른 사람을 극도로 불명예스럽게 만드는 것이다. 예를 들면, 살인, 강간, 유괴, 거짓

---

78) R. Alan Culpepper, *Anatomy of the Fourth Gospel-A Study in Literary Design*, 192.

79) Robert Kysar, *John's Story of Jesus*, 51.

80) Bruce Grigsby, "Washing in the Pool of Siloam-A Thematic Anticipation of the Johannie Cross", 230-234. Gary M. Burge, *John-The Niv Application Commentary From text to contemporary life,* 273. Frederic Louis Godet, *Commentary on John's Gospel*, 689. R. Alan Culpepper, *Anatomy of the Fourth Gospel-A Study in Literary Design*, 195.

81) J. Louis Martyn, *History and Theology in the Fourth Gospel*, 40.

증언 등을 들 수 있다. 두 번째 단계는 명예를 심각하게 훼손하는 것이다. 예를 들면, 다른 사람이 나의 자녀와 결혼을 하지 못하도록 막는다든가, 다른 사람이 필요하지는 않은 물건이지만 그것을 훔친다든가 하는 것이다. 세 번째 단계는 부주의로 인해서 받은 것과 동등한 선물을 갚아 주지 못한다든가 하는 등 일반적인 사회적 반등을 제대로 하지 못하는 것이다.[82] 또한 민간 치료자의 다음과 같은 여섯 가지의 특징을 제공하면서 예수가 성공적인 민간 치료자였다고 주장한다. 민간 치료자의 6가지 특징을 살펴보면 다음과 같다. 1) 민간 치료자는 주민들의 세계관과 건강에 대한 개념이라는 중요한 요소들을 공유한다. 2) 민간 치료자는 증상과 동시에 일어나는 요소들이라고 제시되는 모든 것(행동적 신체적 증상)을 수용한다. 3) 대부분의 민간 치료자들은 그들의 환자를 '외래환자'로 취급한다. 4) 민간 치료자들은 환자의 병에 대한 견해를 문자 그대로 받아들인다. 5) 민간 치료자들이 병을 묘사하기 위해서 사용하는 어휘는 환자의 일상 경험과 신념체계와 연관된다. 6) 민간 치료자들은 그 공동체에서 태어났고 그곳의 역사, 사회적인 일들을 잘 알고 있기 때문에, 그들은 개별적 질병의 역사적 사회적 정황을 이용한다.[83] 필치도 예수의 활동이 민간 치료자의 범주에 들어 있다고 간주하고[84] 말리나와 로어바우가 제시한 민간 치료자의 6가지 특징을 제

---

82) Bruce J. Malina, Richard L. Rohrbaugh, *Social-Science Commentary on the Gospel of John*, 174.

83) *Ibid.,* 175-77.

84) John J. Pilch, *Healing in the New Testament-Insight from Medical and Mediterranean Anthropology*, 122.

시하면서[85], 민간 치료자들은 환자의 행동이나 그들의 증상, 불만 등에 대하여 연구하고 그 질병을 설명하기 위해서 이론을 발전시켰다고 언급한다.[86]

한편 데렛(J. Duncan M. Derrett)는 바리새인들이 눈먼 사람의 증언을 받아들이지 않았던 이유를 설명하려고 시도하였다. 그는 바리새인들은 눈먼 사람으로부터 두 가지 정보를 얻고자 했다고 언급한다. a. 그가 무엇을 듣고 무엇을 보았는가. 눈으로 본 사람의 증언은 그 자체로 수용할 만한 증거가 되기 때문이다. b. 그를 치료한 사람에 대하여 그는 무엇이라고 말하는가(9.17). 그러나 눈멀었던 사람은 첫 번째 질문에 대하여 답을 할 수 없었다는 것이다. 왜냐하면 그는 눈이 보이지 않았기 때문에 예수가 어떻게 자신을 치료했는지 그 과정을 볼 수 없었다. 또한 두 번째 사항에 대해서도 적절한 정보를 주지 못했는데, 그는 예수가 죄인인지 어떤지 알지 못한다고 사실적으로 증언했기 때문이라는 것이다(9.25b).[87] 또한 그는 눈먼 사람은 자신을 예수의 제자로 규정하는데, 당시의 증언에서는 피고에게 우호적인 사람의 증언이 금지되어 있었다는 점을 지적한다.[88] 그리고 귀먹고 눈먼 사람, 정신적으로 혼미한 사람, 쉽게 증명되지는 않지만 사악하고 경멸적인 사람 등의 증언이 배제되기도 했는데, 눈먼 사람은 모세가 아닌 다른 사람의 제자라고 스스로를 간주하고 있기 때문에 바리새인들에 의해 후자에 속하

---

85) *Ibid.*, 123.

86) *Ibid.*, 122.

87) J. Duncan M. Derrett, 'Dost Thou Teach Us?' *Downside Review*, 116(1998), 186-87.

88) *Ibid.*, 188-89.

는 것으로 간주되었을 가능성이 있다는 것이다. 그리고 눈먼 사람의 부모들 또한 눈먼 사람의 죄를 공유했던 것으로 간주되어 증언을 하기에 부적절한 대상으로 간주되었을 것이라고 지적한다.[89]

요한복음 9장에 반영된 요한공동체의 정황에 관한 연구도 진행되었다. 패인터는 요한복음 9장이 주후 85년경에 발생한 예수를 주로 고백하는 자들에 대한 추방령 이른바 '이교도에 대한 기도(Heretic Benediction, Birkath ha-Minim)'의 정황을 반영하고 있다고 주장한다.[90] 그에 따르면, 9.22의 '그리스도라고 고백하다'는 예수 시대의 용어가 아니라 교회 시대의 용어라는 것이다.[91] 그러나 모리스는 추방은 에스라 시대(에스라 10.8) 이후에 지속적으로 발생한 사건이기 때문에, 구체적으로 어떤 사건을 가리키는지는 판단할 수 없다고 주장하기도 한다.[92]

---

89) *Ibid.*, 189.

90) John Painter, "Johannine Symbols: A Case Study in Epistemology", 28.

91) John Painter, "Johannine Symbols: A Case Study in Epistemology", 28. 린지(Sharon H. Ringe)와 브루스도 패인터와 동일한 견해를 가지고 있다. 특히 브루스는 주후 70년 이후 산헤드린이 로마의 허가를 얻어 재결성되었으며, 작은 자 사무엘(Samuel the less)이 나사렛 사람(유대인 크리스천)들이 회당의 예배에 참석할 수 없게 하기 위하여 매일 인용된 축문 중의 하나를 반복적으로 말한 점을 지적한다. 그에 따르면, 이 문장은 본래 "모든 사악한 자들이 곧 멸망하게 하소서"인데 "나사렛인들과 이교도들이 곧 멸망하게 하소서로; 그들이 생명책에서 이름이 제하여지게 하시고, 의로운 자들의 명부에 올려지지 않게 하소서"로 수정되었다. Sharon H. Ringe, *Homiletical Resources on the Gospel of John: The Gospel as Healing Word*. 77. F. F. Bruce, *The Gospel of John-Introduction, Exposition and Notes*, 215.

92) Leon Morris, *Reflections on the Gospel of John vol.2 The Bread of Life John 6-10*, 358.

마지막으로 요한복음 9장에 대한 기타 연구들을 살펴보면 다음과 같다. 하스틴(Stan Harstine)은 요한복음서에서의 모세의 기능을 정리하였다. 모세는 종교적 권위 즉 율법의 수여자로서 묘사된다(1.17; 7.22) 그는 예수에 대하여 예언한 자이며(1.45), 구원의 공간에서 일하는 자이고(3.14; 6.32), 기소하는 검사(5.45-47)이다. 그리고 그는 요한복음 9장에서는 철학적 학파의 수장이다(9.28-29).[93] 마틴은 기적 이야기의 특징을 제시하면서 요한복음 9장의 기적 이야기적 특징을 제시하였다. 마틴이 정리한 기적이야기의 특징을 열거하면 a. 환자에 대한 묘사가 있고, 종종 심각성을 강조한다. b. 병자가 치료받는다. c. 기적이 확증된다. 병자는 그의 건강을 증명한다.[94] 이러한 기적 이야기의 특징을 고려할 때, 요한복음 9장의 이야기는 a. 1절에서 병에 대한 묘사가 있고, "태어날 때부터 눈멀었다"라고 언급하면서 가망이 없다는 점을 보여 주며, b. 방법과 결과가 명시된 진술로 치유가 이루어진다(9.6-7).[95] 하너(Philip B. Harner)는 요한기자가 요한복음 9장을 통하여 의도한 다양한 목적들에 대하여 정리하였다.[96]

---

93) Stan Harstine, *Moses as a Character in the Fourth Gospel-A Study of Ancient Reading Techniques*(Sheffield: Sheffield Academic Press, 2002), 40-75. 특히 72.

94) J. Louis Martyn, *History and Theology in the Fourth Gospel*, 35-36.

95) *Ibid.*, 36.

96) 하너에 따르면 요한은 첫째, 요한복음 9장의 사건들을 통하여 믿음의 요소로서 영적인 인식이 중요함을 보이려 했다. 둘째, 내러티브를 사용하여 크리스천 신앙의 중요한 다른 측면을 취급하려 했다. 셋째, 관계분석의 측면에서 요한은 예수의 행동이 직간접적인 영향력을 가진 "세계"를 독자에게 소개하려 하였다. Philip B. Harner, *Relation Analysis of the Forth Gospel-A Study in Reader-Response Criticism*(New York: Mellen Biblical Press, 1993), 127-130.

2. 사회학적 해석방법론

이 책은 요한복음 9장에 등장하는 눈먼 사람 이야기에 포함되어 있는 죄 논쟁, 제자직 논쟁, 그리스도 논쟁에 대한 해석을 위하여 사회학적 방법론[97]을 채택하려고 한다. 사회학적으로 신약성서를 해석한다는 것을 서중석은 다음과 같이 정의한다.

> 사회학적 신약해석이란, 신약성서 본문에 나타나는 사상들이나 행

---

[97] 사회학적 신약성서 해석에 대한 이해를 위해서는 다음을 참조하라. H. C. Kee, *Knowing the Truth: A Sociological approach to New Testament Interpretation*(Minneapolis: Fortress Press, 1989), 32-64. B. Holmberg, *Sociology and New Testament: An Appraisal*(Minneapolis: Fortress Press, 1990), 1-20. Christopher Tuckett, *Reading the New Testament: Methods of Interpretation*(Philadelphia: Fortress Press, 1987). Joong Suk Suh, "The Socilogical Theory for New Testament Interpretaion", in *The Glory in the Gospel of John: Restoration of Forfeited Prestige*(Oxford: M. P. Publications, 1995), 141-77. C. Osiek, *What Are They Saying About the Social Setting of the New Testament,* rev. ed.(New York: Paulist, 1992). B. Malina, "The Social Context Science and Biblical Interpretation", *Interpretation* 37(1982): 229-42. Derek Tidball, *The Social Context of the New Testament: A Socilogical Analysis*(Grand Rapids, Michigan: Academie Books, 1984). Edwin Yamauchi, "Sociology, Scripture and the Supernatural", *JETS* 27(1984): 169-92. Cyril S. Rodd, "On Applying a Sociological Theory to Biblical Studies", *JSOT* 19(1981), 95-106. William R. Garrett, "Sociology and New Testament Studies: A Critical Evaluation of Rodney Stark's Contribution", *Journal for Scientific Study of Religion* 29(1990), 377-86. John A. Coleman, "The Bible and Sociology", *Sociology of Religion* 60(1999): 125-148. Anthony J. Blasi, "Sociology of Early Christianity-By Way of Introduction", *Sociology of Religion* 58(1997), 299-303. 사회학적 신약성서 연구에 대한 요약적 정보를 위해서는 다음을 참조하라. Bill Domeris, "Christology and Community: A Study of the Social Matrix of the Fourth Gospel", *JTSA* 64(1988): 49-51.

위들을 그 본문 배후로 이루고 있는 팔레스타인이나 로마 제국 사회라는 폭넓은 사회 준거틀 속에 위치시키거나, 원시 그리스도교 공동체라는 보다 구체적인 작은 단위의 사회적 준거틀 속에 위치시킨 채 해석하려는 하나의 전망 혹은 상상력의 한 형태이다.[98]

서중석이 정의한 바와 같이, 사회학적인 방법론을 통하여 신약성서를 해석한다는 것은 팔레스타인이나 로마제국과 같은 큰 사회적 틀이나 혹은 원시 그리스도교 공동체와 같은 작은 사회적 틀에 신약성서의 본문을 해석하려는 시도이다. 이 논문은 요한공동체라는 작은 사회적 단위 속에서 본문을 전망하기도 하고, 요한공동체가 유대교라는 보다 큰 사회와 맺어진 상관관계 속에서 전망하기도 할 것이다. 또한 부분적으로 요한공동체와 로마사회의 상관관계 속에서 본문을 전망하기도 할 것이다.

사회학적인 방법론은 크게 세 가지로 구분될 수 있는데, 서중석은 이 접근방법들에 대해 다음과 같이 정리한다.

> 인간의 행위보다는 그 행위를 제어하는 사회 구조를 분석하는 거시적(macro) 접근과, 역으로 사회 구조의 강제성에도 불구하고 각기 자율적으로 행동하는 인간의 행위 집중하는 미시적(micro) 접근, 그리고 인간 행동위와 사회 구조의 상관관계를 강조하는 중수준적 접근이 있다. 곧 이 세 이론은 '나무', '숲', 그리고 '나무와 숲'에 각각 초점을 맞춘다.[99]

거시적 전망에서 사회를 보는 것은 설득력이 있다. 인간이 사회의 제

---

98) 서중석, 『복음서 해석』 (서울: 대한기독교서회, 1991), 397-428. 인용은 397.

99) 서중석, 『바울서신 해석』, 8-9.

도와 구조에 의해서 통제받는 부분이 어쩔 수 없이 존재하기 때문이다. 그러나 인간이 대체로 사회의 제도와 구조에 의해서 제어되지만 모든 인간이 다 그런 것은 아니라는 점은 미시적 전망 또한 설득력 있다는 점을 증명해 준다. 사회현상은 거시적 전망으로 설명될 수 있는 부분도 있고 미시적 전망으로 설명될 수 있는 부분도 있다는 것이다. 따라서 거시적 전망과 미시적 전망 중에 하나의 전망만을 선택하는 것은 사회적 현상을 설명할 수 있는 도구 중 하나를 포기하는 것이다. 즉 사회적 현상을 정확하게 해석할 수 있는 가장 좋은 방법은 두 전망을 모두 취한 중수준적 접근이라고 할 수 있다. 서중석은 신약성서 연구에 있어서 중수준적 접근의 적합성을 다음과 같이 제시한다.

> 중수준적 접근은 신약성서 연구에 매우 유익하다. 왜냐하면 그것은, 신약성서 저자들이 그 문서를 산출한 공동체의 투영일 뿐 아니라 그 공동체의 역동적인 기획자이기도 하다는 암묵적인 통찰을 제공하기 때문이다. 거시적 접근에서 볼 때, 신약성서의 저자들은 그들의 공동체에 의해서 상당히 제한을 받는 것으로 여겨진다. 이런 입장에서는 신약성서 저자들의 역할과 자율성이 극소화된다. 미시적 접근에서 볼 때는 저자들이 공동체의 성격과 형태를 결정하는 것으로 간주된다. 이런 입장에서는 그들의 역할과 자율성이 극대화된다. 그러나 중수준적 접근에서는, 신약성서 저자들이나 그 안에 묘사된 주인공들은 그들의 공동체에 영향을 끼치거나 또는 영향을 받는 것으로 간주된다. 그들은 자신들의 공동체를 구성하는 사람인 동시에 그 공동체에 의해서 구성된 사람들이다.[100]

요한복음 9장에 나타난 3가지 논쟁들에 대해 중수준적 전망으로 접

---

100) *Ibid.*, 340.

근할 것이다. 이 논쟁들에서 요한공동체와 유대교는 각각의 구성원들을 어떻게 제어하고 있는지, 반대로 각각의 구성원들이 요한공동체와 유대교의 큰 움직임에 어떻게 영향을 끼치고 있는지에 주목할 것이다. 더불어 각각의 논쟁에서 공동체 대 공동체로서 요한공동체와 유대교가 어떠한 역학관계에서 서로를 제어하려 하는지 고찰할 것이고, 유대교와 요한공동체가 상대방 공동체의 구성원들에 대해서는 어떻게 제어하고 있는지도 고찰할 것이다. 또한 요한공동체와 유대교 사이에서 왜 죄, 제자직, 그리스도론과 관한 주제로 논쟁이 벌어졌는지도 살필 것이다.

한편, 마틴과 브라운은 요한복음서에서 예수의 이야기와 요한공동체의 이야기가 평행을 이루여 엮여 있다는 이른바 "2단계의 드라마(Two Level Drama)"라는 이중적 전망을 제시한다.[101] 그의 주장에 따르면

---

101) J. L. Martyn, *History and Theology in the Fourth Gospe*(Nashville: Abingdon Press, 1979). R. E. Brown, *The Community of the Beloved Disciple*. Colleen M. Conway, "The Production of the Johannine Community: A New Historicist Perspective", *JBL* 121(2002): 480-87. Jouette M. Bassler, "Galileans: A Neglected Factor in Johannine Community Reaserch", 243. 해거랜드(Tobias Hägerland)는 요한복음서가 '두 단계의 드라마'로 이루어졌다는 전망을 부정한다. 그는 다음과 같은 두 가지의 근거를 제시한다. 첫째, 마틴과 다른 학자들이 요한복음서에서 보는 두 단계의 드라마가 고대에는 없었다는 것이다. 유대교의 묵시록이나 고대의 소설들은 본질상 요한복음서와 다르다고 주장한다. 둘째, 요한복음서의 내러티브 부분에서 예수의 생애 이외에 다른 어떤 것을 말하려는 의도를 찾아볼 수 없다는 것이다. 그러나 해거랜드의 주장과는 달리, 동시대의 두 단계의 드라마 형식의 작품이 존재하지 않았다는 점이 두 단계의 드라마로 요한복음서를 전망하는 관점을 무력화하지는 못한다. 왜냐하면 9장 22절 등에서 요한기자의 저작 당시의 정황을 명시적으로 언급해 주고 있기 때문이다. 또한 해거랜드가 내러티브 부분에서 예수의 생애 이외의 다른 어떤 것을 발견할 수 없다고 주장하지만 이는 적절한 논거 없는 자신의 주관적 의견 표명일 뿐이다. 전망에 본문에서 예수의 생애에 관한 정보만을 취할 수도 있고 공동체적 정황에 관련된 요한기자의 메시지도 취할 수 있기 때문이다.

요한기자는 예수에 대한 전승을 요한복음서에 기록하는 동시에, 자신의 공동체가 처한 상황을 복음서에 반영하고 있다는 것이다.[102] 단적으로 요한복음 9장 22절 같은 경우 요한공동체[103]가 처한 유대교로부터의 출교라는 정황이 명시적으로 언급되어 있다.[104] 마틴이 제시한 "2단

또한 해거랜드는 두 단계의 드라마의 근거가 되는 9장 22절에 대한 언급을 하면서 이 구절에서 모든 유대교 세계로부터 크리스천들이 출교를 당했다고 주장하는 것은 과도한 해석이라고 주장한다. 그러나 그의 주장처럼 9장 22절이 얌니아 공의회의 결정에 의한 출교를 언급한 것은 아니라고 할지라도, 이 구절이 여전히 출교라는 정황을 반영하고 있다는 점을 부정하지는 못한다. 즉 9장 22절을 비롯한 두 구절은 두 단계의 드라마적 전망을 강력하게 지원하고 있다고 볼 수 있다. Tobias Hägerland, "John's Gospel: A Two-Leveled Drama?", *JSNT* 25(2003): 309-22, 특히 317, 321.

102) 마틸(A. J. Mattill)은 요한복음서 내에 층들(strata)이 있다고 주장한다. 그에 따르면 요한복음서는 한 명의 저자에 의해 형성된 것이 아니라 여러 저자들을 통해서 수정되면서 형성되었다는 것이다. 또한 각 저자들은 요한공동체를 멀리서 잠잠히 바라보고 있는 것이 아니라 요한공동체의 적극적인 대변자라고 주장한다. 본 논문은 요한복음서가 여러 저자들에 의해 주정되었다는 점은 인정하지만 최종 수정자인 요한기자에만 집중하려고 한다. 비록 많은 저자들의 손을 거쳤다고 할지라도 우리가 가지고 있는 본문은 최종적 저자로서의 요한기자의 작품이기 때문이다. 그리고 요한복음서에 반영된 정황도 최종 저자가 직면한 상황이라고 간주한다. 요한기자가 요한공동체의 적극적인 대변자라는 점에서는 마틸의 견해에 동의한다. A. J. Mattill, Jr. "Johannine Communities Behind the Fourth Gospel: Georg Richers Analysis", 297.

103) 스미스는 요한공동체가 에베소에 그 뿌리를 두고 있다고 추정한다. D. Moody Smith, "The Life Stting of the Gospel of John", *RE* 85(1988): 442.

104) 요한공동체가 유대교로부터 출교당한 정황에 관한 요약적 정보를 위해서는 다음을 참조하라. D. Moody Smith, "The Life Setting of the Gospel of John", 438-39. 마틴에 의해 최초로 제기된 Birkat ha-Minim에 의한 요한공동체의 출교라는 정황에 대해 반론을 제기하는 학자들은 다음과 같다. R. Kimelan, "Birkat ha-Minim and the Lack of Evidence", in *Jewish and Christian Self-Definition, vol. 2.* ed. E. P. Sanders(Philadelphia: Fortress Press, 1981), 226-244. S. T. Katz, "Issues in the separation of Judaism and Christianity after C. E.: A Reconsideration",

계의 드라마"라는 전망에서 보면 요한복음서는 본문은 요한공동체가 직면하고 있는 공동체 내외의 정황을 반영하고 있고 요한기자[105]는 이를 제어하려 하고 있다고 간주할 수 있다. 본 논문은 마틴이 제시한 "2단계의 드라마"라는 전망을 채용할 것이다. 이러한 전망에서 요한복음 9장에 등장하는 인물들은 요한공동체 자신 혹은 그와 관련된 공동체 혹은 그룹을 상징하는 것으로 설정될 수 있다. 본 연구에서는 눈먼 사람은 요한공동체를 상징하고, 바리새인들은 유대교 당국자들을 상징하는 것으로 설정하였다.[106] 눈먼 사람은 시력을 회복한 후에 예수에 대한 인식의 수준이 높아져서 마침내는 예수에 대한 기독론적 이해에 도달하고 예수를 경배한다. 바리새인들은 눈먼 사람을 예수의 제자라고 하면서 자신들과 적대적인 관계에 있는 것으로 설정한다. 이러한 점들은 눈먼 사람이 요한공동체를 상징하는 것으로 설정하는 것을 지원해 준다. 반대로 바리새인들은 예수와 적대적인 관계에 있었고 예수의 안식일법 위반을 문제 삼는다. 그리고 예수를 따르는 눈멀었던 사람을 쫓아내기까지 한다. 이러한 점들은 바리새인들이 유대교의 당국자들을

JBL 103(1984): 43-76.

105) Bill Domeris, "The Paraclete as an Idealogical Construct: A Study in the Farewell Discourses", *JTSA* 67(1989): 17.

106) 요한복음서에서 바리새인들과 유대인들은 상호 교환 가능한 용어로 사용된다. 공관복음서에서는 바리새인들, 사두개인들, 대제사장들, 서기관들, 장로들, 헤롯당 등이 예수의 대적자들로 등장하지만 요한복음서에서는 바리새인들만 등장한다. 이는 주후 1세기 후반에 크리스천들과 유대인들이 명확하게 구분되어 있는 정황을 반영하는 것으로 볼 수 있다. D. Moody Smith, "The Life Setting of the Gospel of John", 435-36. Barnabas Lindars. *John*(Sheffield: Sheffield Academic Press, 1990), 15-16, 51-53.

상징하는 것으로 설정할 수 있게 만든다. 또한 눈먼 사람들의 부모는 또한 본문에 등장하는 '눈멈(blindness)'이나 '빛', '어두움', '죄', '제자', '그리스도'와 같은 용어들도 요한기자가 설정한 상징으로 간주할 수 있다. 이 용어들이 무엇을 구체적으로 무엇을 상징하고 있는지는 각각의 논쟁들에서 자세히 살피기로 한다.

본 논문은 요한공동체의 유대교로부터의 출교 상황을 본문의 배경으로 설정한다.[107] 요한복음서는 9.22; 12.42; 16.2에서 각각 출교에 대하여 언급한다. 요한기자의 이러한 언급은 요한공동체가 유대교로부터 출교당한 정황 가운데 있었다는 점을 반영하는 것이다.[108] 요한공동체는 유대교로부터의 출교라는 격동적 상황을 경험하였고[109] 그에 대한

---

107) Domeris(Bill Domeris)는 요한공동체가 처한 일반적인 상황에 대해서 정리했다. 그에 따르면 요한공동체는 계급 구조가 존재하지 않았고, 상당한 수준의 사회적인 평등이 성취되었다(15.15). 그는 또한 트뢸취(Ernst Troeltsch)의 견해를 인용하면서 의전이나 성례전과 같은 조직화된 특징들이 없었으며 관료제도(bureaucracy)나 계급제도가 존재하지 않았다고 주장한다. 또한 루돌프(K. Rudolf)의 견해를 인용하면서 성적인 평등을 옹호하는 사상이 있었으며 사회적 차별과 사유제산이 철폐되었다고 언급한다. 이에 대한 보다 구체적인 논의는 다음을 참조하라. Bill Domeris, "Christology and Community: A Study of the Social Matrix of the Fourth Gospel", 51-54.

108) 서중석, 『복음서 해석』, 241-42. John Painter, *Johannine Symbols: A Case Study in Epistemology*, 28. Mark W. G. Stibbe, *John as Story Teller: Narrative Criticism and the Fourth Gospel*, 57-61.

109) 브라운은 회당으로부터 축출되는 것이 어떤 현실인지를 다음과 같이 언급한다.

"유대인으로 간주되는 한 기독교인들은 로마인들이 그들을 괴롭힐 특별한 법적 근거가 없었다. 그러나 일단 회당이 그들을 축출하자 그들이 더 이상 유대인이 아님이 명백해졌으며 이교 관습을 지지하지 않고 황제 예배에 참여하지 않음으로써 문제가 발생했다… 유대인들이 회당에서 축출함으로써 처형에 간접적으로 참여한 것이 요한이 그들에게 적대감을 갖게 된 배경의 일부분임은 반론의 여지가 없다."

대응이 본문의 곳곳에 나타난다. 요한기자는 먼저 유대인들에 대해 적대적인 감정을 보인다. 바리새인들은 여러 곳에서 요한의 예수와 대립하고 예수의 메시지를 이해하지 못하며 예수를 죽이려고 시도하는 것으로 묘사한다. 요한기자는 요한공동체에 우호적인 유대인들을 적극 수용하고자 하며, 여전히 유대교 내에 머무르면서 그리스도에 대한 신앙만을 유지하고자 하는 미온적인 태도를 보이는 자들에 대해서는 유대교로부터의 이탈을 촉구하기도 한다. 본 논문에서는 자신들이 겪은 출교의 정황에서 죄 논쟁, 제자직 논쟁, 그리스도 논쟁을 통해 요한공동체가 유대교에 구체적으로 어떤 대응을 취하고 있는지, 또한 공동체 내부에는 어떤 대응을 취하고 있는지를 고찰할 것이다.

본 연구는 요한복음 9장에 드러나 죄 논쟁, 제자직 논쟁, 그리스도 논쟁에 대하여 세 가지 차원에서 전망할 것이다. 첫 번째는 각 항목에 대한 요한복음서 전체의 견해에 대한 전망이다. 요한기자는 죄, 제자, 그리스도에 대하여 어떻게 기술하고 어떤 견해를 가지고 있는지를 3, 4, 5장의 첫 번째 절에서 고찰할 것이다. 두 번째는 각 항목과 밀접한 상관관계에 있는 항목에 대한 연계적 전망이다. 요한복음서에서 죄는 심판과 관련되어 있고, 제자는 교사와 관련되어 있으며, 그리스도는 예배와 관련되어 있다. 따라서 3, 4, 5장의 제2절에서는 각각 죄와 심판, 제자와 교사, 그리스도와 예배에 대하여 고찰할 것이다. 세 번째는 이들 세 가지 논쟁을 통해서 요한공동체가 무엇을 얻고자 했는가에 대한 전망이다. 3, 4, 5장의 제3절에서는 요한공동체가 출교의 정황 속에 구체적으로 어떤 문제를 겪고 있었는지, 그리고 그것을 어떻게 제어

R. E. Brown, *The Community of the Beloved Disciple*, 50-51.

하려 하고 있는지를 살필 것이다.

본 연구에서는 9장에 드러나는 3가지 논쟁에 대하여 해석하기 위하여 중수준적 접근이라는 큰 맥락하에서 다음과 같은 3가지 사회학적 이론을 동원하고자 한다. 첫 번째는 선택이론이다. 선택이론은 인간이 이성적이라고 가정하면서[110], 목표에 도달할 수 있는 최선의 선택을 어떻게 할 수 있는지에 관심을 둔다.[111] 선택이론은 요한공동체가 왜 각각의 논쟁을 선택하게 되었는지에 대한 하나의 전망을 제공할 수 있을 것이다. 두 번째는 DBO 이론이다. DBO 이론은 인간의 열망(Desire), 신념(Belief) 그리고 기회(Opportunities)가 인간의 행동을 결정하는 요소라고 간주한다.[112] DBO 이론은 요한공동체의 어떠한 열망과 신념이 그리고 그들에게 주어진 어떤 기회가 그들로 하여금 각각의 논쟁을 불러일으켰는지를 설명할 수 있는 좋은 전망을 제공할 것이다. 세 번째는 상징적 상호작용이론이다. 상징적 상호작용이론은 인간의 의사소통이 상징에 근거한다는 것이다. 본 연구가 관심을 가지고 있는 요한복음 9장의 눈먼 사람 이야기에는 많은 상징들이 등장한다. '눈멂', '빛', '죄', '심판', '제자', '교사', '그리스도', '예배' 등의 용어들은 모두 요한공동체가 겪고 있는 정황 속에서 무엇인가를 상징하기 위해서 사용했다고 간

---

110) Ruth A. Wallace and Alison Wolf, *Contemporary Sociological Theory-Expanding the Classical Tradition*(Prentice Hall, Upper Saddle River, New Jersey; 1999), 294.

111) Michael Allingham, *Choice Theory-A Very Short Introduction*(Oxford: Oxford University Press, 2002), 1-10.

112) Peter Hedstörm, *Dissecting the Social-On the Principles of Analytical Sociology*(New York: Cambridge University Press, 2003), 38.

주할 수 있다. 상징적 상호작용이론은 이러한 상징 언어들의 실체를 설명해 줄 수 있는 전망을 제공할 것이다.

 제2장에서는 죄 논쟁, 제자직 논쟁, 그리스도 논쟁의 해석을 위하여 이 세 가지 이론들을 구체적으로 살펴볼 것이다.

눈먼 사람 이야기와
요한공동체

제2장

요한복음 9장 해석을 위한
사회학적 렌즈들

　제2장에서는 요한복음 9장에 드러난 3가지의 논쟁과 요한공동체의 상관성에 대하여 연구하기 위해 사용할 보다 구체적인 이론들을 소개할 것이다. 먼저 선택 이론은 인간이 자신의 목표에 도달하기 위한 효율적인 방법에 관한 이론이고, DBO 이론은 인간의 행위가 열망, 신념, 기회에 의해서 결정된다는 이론이며, 상징적 상호작용 이론은 인간의 의사소통에 반드시 필요한 매개인 상징에 관한 이론이다. 그 상세한 내용을 살펴보면 다음과 같다.

1. 선택 이론(Rational Choice Theory)

선택 이론은 인간이 이성적이라고 가정하며, 인간의 행동이 목표에 도달할 수 있는 가장 효과적인 방법에 대한 선택이라고 규정한다.[113] 선택 이론은 근접학문 혹은 근접 이론과 유사성을 가지고 있다. 즉 경제학, 교환이론, 행동주의 심리학, 게임 이론과 연관성 혹은 유사성을 가지고 있다는 것이다.

선택 이론은 먼저 경제학과 유사성을 가지고 있는데, 경제학에서는 모든 것에 대한 가격이 있고, 모든 것은 고유한 가격을 가지고 있다고 본다. 이 가격은 희소성에 따라 결정된다. 즉 희소성이 높으면 가격도 이와 비례해서 상승하고 희소성이 낮으면 가격도 이와 비례해서 하락한다. 이와 유사하게 선택이론도 희소성의 세계에서 인간이 어떻게 합리적인 선택을 하는가에 관심을 두고 있는 것이다.[114] 선택 이론은 경제학으로부터 다음과 같은 네 가지의 기본적인 전제를 채택하고 있다.

1. 개인들은 그들의 기호와 선호에 근거해서 결정하면서 자신의 합리적인 이익을 극대화하는 사람들이다.
2. 한 개인이 보다 많은 것을 소유할수록, 그는 보다 많은 그것을 소유하는 데 관심을 덜 두게 될 것이다.
3. 상품과 서비스가 자유 시장에서 팔리는 가격은 미래의 매수자와 매도자의 기회에 의하여 직접적으로 결정될 것이다. 상품에

---

113) Ruth A. Wallace and Alison Wolf, *Contemporary Sociological Theory-Expanding the Classical Tradition*, 294. Michael Allingham, *Choice Theory-A Very Short Introduction*, 3.

114) *Ibid.*

> 대한 수요가 클수록, 그것은 더욱 가치 있게 될 것이고 그 값은 높아질 것이다. 공급이 많을수록, 그 상품은 덜 가치 있게 될 것이고 그 값은 더 낮아질 것이다.
> 4. 상품은 일반적으로 서로 경쟁 관계에 있는 많은 회사들에 의해서 공급될 때보다 독점자에 의해서 공급될 때 더욱 비싸게 될 것이다.[115]

선택 이론은 한편 교환 이론(Exchange Theory)과도 관련되어 있다. 교환 이론은 사회적 상호작용을 유형 혹은 무형의 상품의 교환으로 개념화하는데, 선택 이론은 초기에 교환 이론이라는 큰 맥락에서 널리 알려진 접근방법 중의 하나였다.[116] 교환 이론에서 중요한 학자 중의 하나는 브로니스로우 말리노우스키(Bronislaw Malinowski)이다. 그는 멜라니시안 섬들(Melanesian Islands)에 거주하는 트로브리언드인들(Trobrinad Islanders)에 대한 자신의 연구에서 상호교환이 사회적 응집의 기초라고 주장한다.

> 트로브리언드 사회는 상호 봉사라는 잘 균형 잡힌 규율을 포함하는 합법적 지위라는 원칙 위에 세워져 있다. 모든 사회는 씨족으로 구분되어 있는데, 주고받는 게임(a game of give and take)을 하는 특징을 가지고 있다… 상호성, 주고받는 원칙들이 가작 가까운 친족이라는 그룹 내에서도 최고의 권위를 가지고 있었다.[117]

인류학자들과 교환 이론가들은 말리노우스키가 트로브리언드 섬에

---

115) *Ibid.*, 299.

116) *Ibid.*, 295.

117) Bronislaw Malinoswski, *Crime and Custom in Savage Society* (London: Routledge and Kegan Paul, 1992), 46-48.

서 관찰한 내용 즉 선물의 교환이 사회의 응집에 끼치는 영향을 수용하여, 이러한 교환이 상호적 의무를 통하여 사회를 하나로 묶고, 사회적 응집력을 증가시킨다고 주장한다.[118] 한편, 마우스(Marcel Mauss)는 권력과 선물의 교환에 관하여 연구하였는데, 그는 선물이 사회 속에서 권력과 우선권을 결정하는 것과 연결되어 있다고 주장한다. 즉, 선물의 수혜자는 자신이 받은 것과 동일한 비중의 것을 돌려주지 않으면, 기부자에 대하여 불리한 입장에 서게 된다는 것이다.[119]

선택 이론은 행동주의 심리학과도 연관을 가지고 있다. 선택 이론에 대한 연구를 미시적으로 접근했던 호만스(George Homans)는 그의 친구인 스키너(B. F. Skinner)에 의해 영향을 받는다. 스키너를 비롯한 실험적 심리학자들(Experimental psychologists)는 인간의 마음이 '블랙박스'라고 진술하기를 회피한다.[120] 즉 그들은 인간의 행동이 관찰 가능한 외부적 자극에 의해서 결정된다는 것이다.[121] 선택 이론은 인간 행위의 결정 요소가 외부적 자극이라는 견해를 수용하고 있는데, 이러한 관점은 후에 제3절에서 소개될 상징적 상호작용이론의 인간 행동의 결정 요소에 대한 견해와 상치된다. 즉 상징적 상호작용 이론에서는 인간이 단순히 외부 자극에 의해서 기계적으로 움직이지 않고 외부 자극에 대한 주도적인 판단과 반응에 의해서 움직인다고 보는 반면에,

---

118) Ruth A. Wallace and Alison Wolf, *Contemporary Sociological Theory-Expanding the Classical Tradition,* 297.

119) Marcel Mauss, *The Gift*(Glencoe: The Free Press, 1954), 1.

120) Ruth A. Wallace and Alison Wolf, *Contemporary Sociological Theory-Expanding the Classical Tradition,* 303.

121) *Ibid.*, 303.

선택이론에서는 행동주의 심리학자들의 관점을 수용하여 인간이 외부 자극에 대하여 기계적으로 반응하고 있다고 간주하는 것이다.

선택 이론은 위에 언급한 것과 같은 인접 학문과의 연관성 속에서 발생했고, 그 연구는 크게 두 가지 흐름으로 진행되었다. 첫째는 개인의 행동과 선택에 초점이 맞추어진 미시적 관점의 연구로서 호만스를 그 대표학자로 꼽을 수 있다. 둘째는 사회의 구조에 초점이 맞추어진 거시적 관점의 연구로서 블라우(Peter Blau)를 대표학자로 꼽을 수 있다.

먼저 미시적 관점의 연구를 살펴보면, 호만스는 자신의 저서 『The Human Group』에서 인간 행동의 기본적인 원칙을 제시하고 있다.[122] 또한 그의 가장 중요한 저서 『Social Behaviour: Its Elementary Forms』에서는 교환 이론가들과 선택 이론 전통에 서 있는 사회학자들에게 일반적으로 수용되는 몇 가지 명제들을 진술하고 있다.

> 1. 성공 명제(The success proposition). 인간에 의해서 취해진 모든 행동에 관하여 말하면, 어떤 특별한 행동이 보상을 더욱 자주 받을수록, 그 사람은 동일한 행동을 더욱 하고 싶어 한다.
> 2. 격려 명제(The stimulus proposition). 과거에 특별한 격려나 일련의 격려들이 발생한 것을 기초로 어떤 사람의 행동이 보상을 받았다면, 현재의 격려가 과거의 격려들과 더욱 유사할수록, 그 사람은 현재 그 행동 혹은 유사한 행동을 하고 싶을 것이다.
> 3. 가치 명제(The value proposition). 행동의 결과가 어떤 사람에게 더욱 귀중할수록, 그는 그 행동을 더욱 하고자 할 것이다.[123]

---

122) Ibid., 306

123) Geroge C. Homans, *Social Behaviour: Its Elementary Forms* (New York: Harcourt Brace and World, 1974), 16-50.

1, 2, 3번의 명제는 인간의 합리성에 관한 진술이다. 즉 인간이 특정한 선택을 함에 있어서 성공에 따른 보상, 격려, 자신에게 느껴지는 가치 등이 영향을 준다는 것이다. 호만스는 이 세 가지 명제를 기초로 합리성 명제를 제시한다.

> 합리성 명제(Rationality proposition). 대안적 행동들을 선택함에 있어서 사람은 그 결과를 얻을 가능성에 의해서 증대된 결과의 가치가 더욱 큰 것으로 인식될 때 그것을 선택할 것이다.[124]

이 명제에 따르면 사람들은 자신의 행동에 대한 보상의 가치를 극대화하려고 하며, 행동으로부터 유발되는 결과를 고려하면서 그 기초 위에서 선택한다는 것이다. 그는 또한 박탈-포만 명제를 제시한다.

> 4. 박탈-포만 명제(The deprivation-satiation proposition). 최근에 보다 자주 특별한 보상을 받았을수록, 그에게 그 보상의 단위는 덜 가치 있게 된다.[125]

그의 네 번째 명제는 누군가 자신이 가치를 두고 있는 보상을 최근에 받았다면, 같은 보상에 대하여서는 점차적으로 흥미가 감소해 간다는 점을 보여 준다. 이 명제는 교환 이론에서도 중요한 위치를 차지하는데, 어떻게 교환의 비율이 감소 혹은 증가하는지를 설명해 줄 수 있기 때문이다.[126] 박탈-포만 명제에서 알 수 있는 것은, 인간은 새로운

---

124) *Ibid.*

125) *Ibid.*

126) Ruth A. Wallace and Alison Wolf, *Contemporary Sociological Theory-Expanding the Classical Tradition,* 312.

선택할 때 버리는 것의 가치보다 선택하는 것의 가치가 더욱 크다고 판단했기 때문에 새로운 것을 선택한다는 점이다.

호만스는 마지막으로 반항-승인 명제를 제시한다.

> 5. 반항-승인 명제(The aggression-approval proposition).
>   a. 어떤 사람의 행동이 그가 기대한 보상을 받지 못할 때 혹은 그가 기대하지 않았던 벌을 받게 될 때, 그는 더욱 공격적인 행동을 할 것이다. 그리고 그런 행동의 결과는 그에게 더욱 가치 있는 것이 될 것이다(당황-공격 가정 the frustration-aggression hypothesis).
>   b. 어떤 사람의 행동이 그가 기대한 보상을 받았을 때, 특히 그가 기대했던 것보다 큰 보상을 받았을 때, 그는 기뻐할 것이다. 그는 승인해 주는 행동을 더욱 할 것이고, 그런 행동의 결과는 그에게 더욱 귀중할 것이다.[127]

호만스는 다섯 번째 명제에서 보상의 중요성을 강조한다. 자신이 기대하는 만큼 보상이 이루어지지 않았을 때 사람은 공격적이게 되고, 자신이 기대하는 것만큼 혹은 그 이상의 보상을 받았을 때 만족하게 된다는 것이다. 그는 명시적으로 "보상은 투자와 공헌에 비례해야 한다"[128]고 주장한다. 그는 또한 분배 정의에 대하여서도 언급하는데, 두 사람이 만일 평등하다면 동일한 보상을 받아야 하고, 만일 한 사람이 다른 사람보다 더 많은 기여를 한다면 더 큰 보상을 받아야 한다고 주장한다.[129] 이 명제에서 호만스가 강조하는 중요한 개념은 승인이다.

---

127) Geroge C. Homans, *Social Behaviour: Its Elementary Forms*, 16-50.

128) *Ibid.*, 250.

129) *Ibid.*, 249.

승인은 경제학에서 돈과 같은 역할을 한다. 경제에서는 상품에 대한 구입의 대가로 돈을 지불하지만, 그의 이론에서는 승인을 제공한다. 그는 승인을 설명하기 위해서 다음과 같은 예를 제시한다.

> 어떤 사람은 그 일에 신참이고 그것에 숙달되지 않았다… 다른 사람은 그 직업에 경험이 있었고 여분의 시간이 있었다. 그러므로 그 사람은 다른 사람을 찾았고 그에게 자신의 일에서 직면하고 있는 문제에 대하여 조언을 구했다. 다른 사람은 그에게 도움을 주었고 그에 대한 보답으로 그 사람은 마음속 깊은 감사의 형식으로 다른 사람에게 '승인'을 해 주었다.[130]

호만스는 사회의 일치성이 어떻게 형성되는지의 과정을 설명하기 위해서 승인을 동원한다. 그에 따르면 그룹의 구성원들은 서로에게 사회적 승인을 공급한다. 따라서 그들은 사회적 승인을 얻기 위해서 동료들이 승인하는 방식으로 행동하고 그들의 욕구에 부응해야 할 이유를 갖게 된다.[131] 또한 사회적 승인이 자주 교환될수록 그룹의 표준으로부터 일탈하는 구성원의 수가 적어지며, 승인 교환의 빈도가 낮을수록 그룹의 표준으로부터 보다 쉽게 이탈하는 경향이 있다.[132]

호만스의 선택이론에서 중요하게 등장하는 개념 중의 하나가 권력이다. 호만스는 권력을 값진 보상을 제공할 수 있는 능력이라고 정의했다.[133] 여기서의 권력이란 갈등이론에서 주장하는 강제력이나 기능주

---

130) *Ibid.*, 54.

131) Ruth A. Wallace and Alison Wolf, *Contemporary Sociological Theory-Expanding the Classical Tradition,* 314-16.

132) *Ibid.*

133) *Ibid.,* 317.

이론에서 주장하는 사회가 구성되고 결정을 수행하는 방법과는 구분된다.[134] 선택이론에서 권력은 권력과 귀중한 봉사에 대한 개인의 준비의 연관성을 강조한다.[135] 이 견해는 에머슨(Richard Emerson)에 의해서 더욱 심화되었는데, 그는 상품이나 서비스의 공급자가 수요자에 대해 권력을 갖게 되는 조건을 다음과 같이 분류한다.

1) 서비스를 원하는 개인이 보상으로 제공할 수 있는, 공급자가 원하는 것을 아무것도 가지고 있지 않을 때
2) 수요자가 선택할 수 있는 대안이 없을 때
3) 수요자가 필요한 서비스를 억지로 얻어 낼 수 있는 직접적인 강제력을 사용하지 못할 때
4) 수요자가 서비스 없이 하고 있는 일을 그만두거나 대체물을 찾을 수 없을 때[136]

위와 같은 조건이 형성되었을 때 공급자는 수요자에 대해서 권력을 갖게 된다는 것이다. 또한 에머슨은 권력과 의존도의 관계를 공식화하기도 한다. 그는 어떤 개인 A가 B에 대해서 갖는 권력 Pab는 B가 A에 대해 의존하는 정도 Dba와 동일하다고 주장한다.

$$Pab = Dba$$

A의 권력이 클수록 상호교환에서 A가 얻을 수 있는 이익은 확대된

---

134) *Ibid.*, 319.

135) *Ibid.*

136) *Ibid.*, 319.

다. B의 A에 대한 의존도는 대안이 있는지의 여부에 의해 결정된다. 즉 B가 A로부터만 공급받아야 한다면 B의 A에 대한 의존도는 높아지는 동시에 A의 B에 대한 권력은 커지고, B가 대안을 가지고 있을 경우 B는 A에 대한 의존도를 낮출 수 있고 A의 B에 대한 권력도 작아지게 된다.

한편 선택 이론은 게임 이론과 연관성을 가지고 있다. 게임 이론가들은 많은 상황들을 매우 단순한 게임으로 볼 수 있다고 주장하면서 인간의 행동을 분석한다.[137] 게임이론 중 대표적인 것이 '죄수의 딜레마(The Prisoner's dilemma)'이다. 죄수의 자백을 받아 내기 위해서 당국자들은 두 명의 죄수를 각각 불러 놓고 다음과 같이 이야기한다.

> 만일 당신이 자백하고 당신의 동료가 자백하지 않는다면, 그는 9년형을 받을 것이고 당신은 석방될 것이요. 만일 둘 다 자백한다면, 각각 5년형을 받을 것이요. 만일 두 다 자백하지 않는다면, 둘 다 2년형을 받을 것입니다.[138]

두 죄수가 선택할 수 있는 항목과 그에 따른 결과를 표로 나타내면 다음과 같다.

---

137) *Ibid.*, 320.

138) *Ibid.*

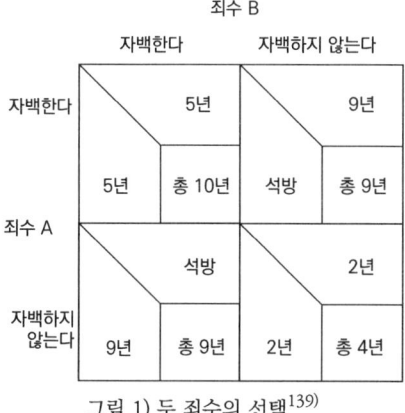

그림 1) 두 죄수의 선택[139]

호만스가 미시적 관점의 선택 이론에 집중했다면 블라우는 거시적 관점에서 접근한 학자이다. 그는 사회를 구조적으로 분석하면서 직업의 변동이나 수입의 분배 등에 대하여 관심을 갖고 있었다. 호만스는 이러한 요소들이 심리학적 요인들로부터 비롯되었다고 간주한 반면, 블라우는 사회적 요인들이 명백히 포함되어 있다고 주장한다.[140] 그는 또한 개인들 사이의 일상적인 교제에 널리 퍼져 있는 단순한 과정들에 대한 연구는 복잡한 사회 구조를 이해하는 데 결정적인 역할을 한다고 믿는다.[141] 사회적 교환이 그런 과정이라는 것이다. 그의 주요한 공헌점은 교환과 사회의 통합 사이의 관계와 소그룹에서뿐만 아니라 큰 조직에도 적용되는 권력의 교환 근거에 주목한 것이다.[142]

---

139) *Ibid.,* 323.

140) *Ibid.,* 322.

141) Peter Blau, *Exchange and Power,* 2.

142) Ruth A. Wallace and Alison Wolf, *Contemporary Sociological Theory-Expanding the Classical Tradition,* 328.

블라우는 사회적 교환의 성격에 대하여 언급하면서, 사회적 교환은 사회의 통합에 매우 중요한 역할을 한다고 주장한다. 그는 또한 사회적 교환은 두 가지 기능을 가지고 있는데 그 하나는 우정이라는 유대관계를 창출해 내는 것이고 다른 하나는 지배와 복종의 관계를 창출해 내는 것이라고 주장한다. 그에 따르면 사회적 교환은 신용을 창출하고, 차별화를 장려하며, 그룹의 표준을 가지고 일치성을 강요하고, 집단적 가치를 발달시킴으로써 사회적 통합을 증대시킨다.[143] 블라우는 비경제적 교환에서 가격에 영향을 주는 몇 가지 사회적 요인들을 제시하기도 하고,[144] '인상 관리(impression management)'의 중요성을 강조하기도 한다.[145] 블라우는 우정과 사랑의 결정 요소에 대해서 언급하는데, 그는 사람들이 지위(status)를 평가한다고 가정한다. 그는 지위를 다른 사람들에 의한 공통적인 인식이라고 규정하면서,[146] 사회적 교제와 우정은 일반적으로 지위가 대체로 같은 사람들 사이에서 발생하고, 불평등한 사람들 사이의 관계는 그 불평등이 명백하고 두드러질 때 오히려 덜 제한된다고 주장했다.[147] 블라우는 호만스나 에머슨과 마찬가지로, 교환의 불평등이 힘의 근원이라고 보았다.[148] 그는 또한 사회적

---

143) *Ibid.,* 329.

144) Peter Blau, *Exchange and Power,* 34-43.

145) *Ibid.*, 40-41.

146) Peter Blau, *Exchange and Power,* 70.

147) Ruth A. Wallace and Alison Wolf, *Contemporary Sociological Theory-Expanding the Classical Tradition,* 330.

148) Peter Blau, *Exchange and Power,* 100.

교환의 과정이 상호성이라는 사회적 기준에 바탕을 두고 있으며,[149] 이러한 사회적 교환은 사회의 통합을 촉진한다고 주장한다.[150]

사회의 규모가 커질수록 사회적 교환은 간접적인 방법으로 발생한다. 블라우는 간접적인 교환은 힘과 사회적 기준의 내면화에 의존하고 있는데, 이 힘과 사회적 기준의 내면화는 다시 그들을 일치를 위한 교환에서 사람들이 승인을 받는다는 사실에 의존하고 있다고 주장한다.[151]

블라우는 집단적인 가치가 발생하는 과정을 제시하기도 한다. 그에 따르면 공유된 경험이 그룹의 기준과 가치를 산출한다는 것이며, 개인의 반응이나 합리화는 강화되거나 공통의 가치와 표준으로 변형될 수 있다. 그 메커니즘은 직접적인 교환은 아니다. 그러나 사람들은 인식적 부조화(cognitive dissonance)를 싫어하기 때문에, 이를 피하기 위해서 집단의 가치에 동참한다는 것이다.[152] 또한 블라우는 강력한 그룹 통의와 상호작용이 공유된 가치를 창출한다고 주장한다.[153]

블라우는 교환과 권력의 관계에 대해서도 언급하는데, 상대적 권력과 서비스의 공급에 관련성에 주목한다. 블러드의 이러한 견해는 블러드와 울프의 연구에서 구체화된다. 블러드(Robert O. Blood, Jr.)와

---

149) *Ibid.*, 92.

150) Ruth A. Wallace and Alison Wolf, *Contemporary Sociological Theory-Expanding the Classical Tradition*, 332.

151) Peter Blau, *Exchange and Power*, 257-59.

152) Ruth A. Wallace and Alison Wolf, *Contemporary Sociological Theory-Expanding the Classical Tradition*, 333. Leon Festinger, *A Theory of Cognitive Dissonance*(Evanston, III: Row, Peterson, 1957), 281-83.

153) Ruth A. Wallace and Alison Wolf, *Contemporary Sociological Theory-Expanding the Classical Tradition*, 334.

울프(Donald M Wolfe)는 아내와 남편 사이에 형성되는 권력 관계에 대해서 연구하였는데, 남편이 보다 많은 서비스를 제공할수록 즉 보다 많은 월급을 가져다줄수록 남편의 아내에 대한 권력은 증가하며 서비스의 양이 줄어들수록 그 권력도 비례적으로 감소한다고 주장한다.[154] 블라우는 권력의 정당성의 측면에 대해서도 언급하였는데, 그는 권력의 정당성은 하급자에게 행사된 힘이 공정할 뿐 아니라 관대했는지에 대한 판단의 여부에 달려 있다고 주장한다.[155] 정당성은 권력을 권위로 바꾸어 놓는데 왜냐하면 정당성이 권력을 정당하고 복종하기에 적합한 것으로 만들기 때문이다. 즉 그룹은 구성원들의 순종을 강요하도록 돕는 기준을 발전시킨다.[156]

선택이론은 그룹의 결속에 관심을 가지고 있다. 헤치터(Michael Hechter)는 결속을 "보상이 결여된 상태에서의 승낙"[157]으로 정의하고 있는데, 그룹의 결속에 있어서 가장 문제가 되는 것은 "무임승차자들"이다. 즉 사회 내에 구성원으로서 살아가면서 그 의무를 다하지 않는 사람들이 존재하는데 그들은 그룹의 결속에 큰 장애가 된다. 선택이론은 이 문제를 해결하기 위하여 '선택적 특권'이라는 개념을 제시한

---

154) Robert O. Blood, Jr. and Donald M. Wolfe, *Husband and Wives: The Dynamic of Married*(New York: The Free Press, 1960).

155) Peter Blau, *Exchange and Power*, 202.

156) Ruth A. Wallace and Alison Wolf, *Contemporary Sociological Theory-Expanding the Classical Tradition*, 336.

157) Michael Hechter, "The Emergence of Cooperative Social Istitutions", in Michael Hechter, Karl-Dieter Opp, and Reinhard Wippler, *Social Institutions: Their Emergence, Maintenace and Effects*(Berlin: Waletr deGruyter, 1990), 13-34, 18.

다.[158] 선택적 특권은 오직 가입된 구성원들만이 수혜를 받는 것이다. 만일 연합의 구성원들이 분쟁에 휩싸이게 되면, 연합의 관리들이 그의 이익을 위해서 참여한다. 연합은 또한 법적인 조언과 대표성을 주기도 하고 다른 이익들을 제공한다.

그룹의 결속력은 그룹의 생명력과도 연관이 되는데 결속력을 결정하는 것 중의 하나가 계급제도이다. 계급제도를 거부하는 공동체는 구성원들이 음식이나 삶의 터전에 대해서 그룹에 의지하지 않게 하고 특별한 의무도 강요하지 않는다. 이런 경우 그 공동체는 생명력이 짧다. 반대로 그룹의 행동을 매우 자세히 규제하고 이를 이탈하는 것에 대해 매우 비싼 값을 지불하게 하는 사회는 오랫동안 지속된다.[159] 이런 현상에 대해서 헤치터는 다음과 같은 결론을 내린다.

> 게마인샤프트(Gemeishcaft)가 게젤샤프트(Gesellschaft)보다 더욱 결속력 있다. 왜냐하면 그것이 보다 폭넓은 규범적 내면화를 요구하거나 더 큰 헌신을 장려하기 때문이 아니라 그 제도적 장치가 구성원들의 행동이 보다 경제적으로 제어될 수 있도록 허가하기 때문이다.[160]

---

158) Mancur Oslon, *The Logic of Collective Action: Public Goods and the Theory of Groups*(Cambridge: Harvard University Press, 1965).

159) Ruth A. Wallace and Alison Wolf, *Contemporary Sociological Theory-Expanding the Classical Tradition,* 342-43. 헤치터는 동유럽의 유대인들에게서 공동체의 결속력 약화의 예를 보여 준다. 동유럽의 유대인들이 유대인촌에만 그 거주가 한정되었을 때, 그들은 보다 폭넓은 의무조항을 가지고 그들의 종교에 헌신했다. 그러나 그들에게 온전한 시민권이 주어지면서 자신들의 삶의 기회에 대하여 동료유대인들에게 의존하지 않게 되었고, 개혁적 유대교는 정통 유대교를 몰아내기 시작했다. 점점 더 많은 유대인들이 자신의 엄격한 식사 규율을 , 안식일의 행동 규제, 매일 기도에 대한 필요조건을 포기했다. Hechter, *Principles of Group Solidarity*, 57.

160) Hechter, *Principles of Group Solidarity*, 167.

2. DBO 이론(DBO Theory)

DBO 이론은 사회적 현상의 원인을 밝히려고 시도한다. DBO 이론의 핵심은 열망(Desires), 신념(Beliefs), 기회(Opportunities)가 행위자의 행동(actions)을 결정하는 주요한 원인들이라고 주장한다.[161] 이를 표로 만들면 다음과 같다.

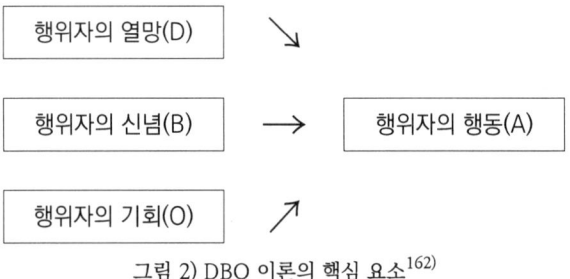

그림 2) DBO 이론의 핵심 요소[162]

DBO 이론에서 행동은 행위자가 의도적으로 하는 행위를 가리킨다. 즉 내 열망, 신념, 기회에 의해서 설명될 수 있는 의도적 행동이다.[163] 한(R. A. Hahn)은 신념이란 진실이라고 여겨지는 세계에 관한 진술이라고 정의한다. 신념에는 두 부류가 있다. 첫째는 현존하는, 행동의 대안들에 대한 신념이고, 둘째는 다른 행동들을 수행하는 것의 결과들에

---

161) Peter Hedstörm, *Dissecting the Social-On the Principles of Analytical Sociology*(New York: Cambridge University Press, 2003), 38.

162) *Ibid.*, 39.

163) D. Davidson, *Essays on Actions and Events*(Oxford: Clarendon Press, 2001), 3-19.

대한 신념이다.[164] 기회는 행위자에게 유용한 행동 대안들의 '메뉴'를 가리킨다. 즉 행위자의 신념과 별개로 존재하는 일련의 행동 대안들을 가리킨다.[165] 열망과 신념은 정신적인 개념이고 기회는 행위자에게 주어진 물리적인 조건이다. 행위자의 행동을 결정하는 요인을 정신적인 측면과 물리적인 측면을 고려하여 설명하려고 했다는 점에서 DBO 이론은 행위자의 행동을 설명하는데 매우 유용하게 사용될 수 있다.

헤드스트룀(Peter Hedström)은 DBO 이론의 실례를 다음과 같이 제시한다.

> "신념, 열망 그리고 기회의 유용성은 왜 스미스 씨가 오늘 우산을 가지고 오지 않았는가에 대한 이유들에 관하여 묘사된 것을 상호보완해 주는 행위에 초점을 맞춘 일련의 다음 예를 통하여 조명될 수 있다. 이상적이고 전형적인 세 가지의 설명들이 가능하다:
>
> 1) 신념을 기초로 한 설명: 스미스 씨는 비에 젖지 않기를 원하고 그는 그가 가지고 갈 수 있었던 우산이 있었다. 그러나 그는 실수로 신문에서 어제의 일기예보를 읽었고, 그것이 그를 오늘 비가 내리지 않을 것이라고 믿게 만들었다. 그러므로 그는 오늘 우산을 가지고 오지 않았다.
>
> 2) 열망을 기초로 한 설명: 스미스 씨는 오늘 비가 올 것이라고 믿었고 그가 가지고 갈 수 있는 우산이 있었다. 그러나 그는 다소가 별난 열망이 있었다. 항상 심한 빗속에서 걷는 것이 그

---

164) R. A. Hahn, "Understanding Beliefs: An Essay on The Methodology of the Statement and Analysis of Belief System", *Current Anthropology* 14(1973): 207-29.

165) Peter Hedstorm, *Dissecting the Social-On the Principles of Analytical Sociology*, 39.

를 「싱잉 인 더 레인(Singing in the Rain)」의 진 켈리(Gene Kelly)와 같이 느끼도록 만들었고, 진 켈리(Gene Kelly)처럼 느끼는 것은 그가 진실로 원하는 어떤 것이다. 그러므로 그는 오늘 우산을 가지고 오지 않았다.

3) 기회를 기초로 한 설명: 스미스 씨는 오늘 비가 올 것이라고 믿었고 비에 젖지 않을 것이라는 강력한 열망이 있었다. 그러나 그가 아침에 직장을 향해서 떠나려고 했을 때 그의 아들이 다시 그의 우산을 가져간 것을 알았고 집에는 다른 우산이 없었다. 그러므로 그는 오늘 우산을 가져오지 않았다.[166]

헤드스트룀이 위에서 제시한 예에서와 같이 스미스 씨가 우산을 가지고 가지 않은 하나의 행동을 DBO 이론을 통해서 분석해 보면 적어도 세 가지 측면에서 그 원인을 분석해 볼 수 있다. 그 세 가지 측면에서의 분석은 심리-정신적 측면과 정신 외적 측면 즉 물리적 측면을 다 고려하고 있으므로 어떤 사회적 행동을 분석하기에 매우 적절해 보인다. 또한 신약성서를 연구함에 있어서도 성서 내의 주인공(예를 들면, 예수나 바울) 혹은 성서의 저자(혹은 저작 집단)의 일련의 행동의 원인을 분석함으로써 본문에 대한 이해의 폭을 넓힐 수 있다.

에슬러는 DBO 이론에서 열망, 신념, 기회 사이에 임의적인 상관관계가 있다는 점을 지적한다.[167] 헤드스트룀도 그 점에 동의하면서 이들 세 요소의 상관관계를 주요한 3가지 패턴으로 정리한다. (1)순응적 선호: 행위자를 오직 그들이 얻을 수 있다고 믿는 것만을 바라도록 이끄

---

166) *Ibid.*, 40.

167) J. Estler, *Sour Grapes: Studies in the Subversion oh Rationality*(Cambridge: Cambridge University Press, 1983), 141-166.

는, 신념으로부터 열망에로의 우연한 연관('신포도') (2) 반순응적 선호: 행위자를 오직 그들이 얻을 수 없다고 믿는 것만을 바라도록 이끄는, 신념으로부터 열망에로의 우연한 연관('울타리의 다른 쪽에 있는 풀이 항상 더 푸르다') (3) 바람이 담긴 생각: 행위자를 오직 그들이 있을 것 같다고 생각하는 경우의 것만 믿도록 이끄는, 열망에로부터 신념으로의 연관 등이다.[168]

열망, 신념, 기회가 인간의 행동에 영향을 준다고 보는 DBO 이론은 먼저 미시적 관점에서 개인 간의 사회적 상호작용에 관심을 갖는다. 한 사람의 행동이 다른 사람의 열망, 신념, 기회에 영향을 주고 결국은 그 사람의 행동에도 영향을 준다는 것이다.[169] 이것을 표로 나타내면 다음과 같다.

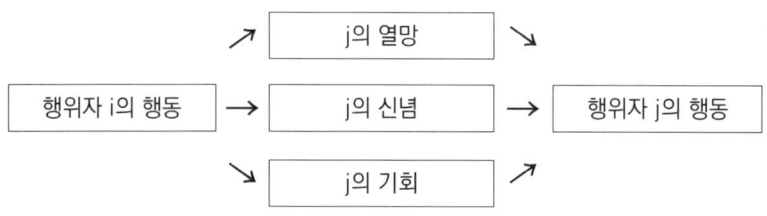

그림 3) DBO 이론에 따른 행위자 i와 행위자 j 사이의 상호작용[170]

개인 간의 사회적 상호작용에서 어떤 사람이 영향으로 다른 사람의 영향으로 행동의 변화를 일으킬 때는 세 가지 유형으로 나타나게 된다.

---

168) Peter Hedström, *Dissecting the Social-On the Principles of Analytical Sociology*, 40.

169) DBO 이론은 어떤 사람이 다른 사람의 영향을 받아 열망과 신념에 변화를 보이는 이유는 다른 사람과의 부조화의 정도를 축소시키기 위해서라고 설명한다. *Ibid.*, 43.

170) *Ibid.*, 44.

신념에 의해 조절되는 사회적 상호작용, 열망에 의해 조절되는 사회적 상호작용, 기회에 의해 조절되는 사회적 상호작용이 그것이다.

먼저 신념에 의해 조절되는 사회적 상호작용에 대해 살펴보자. 이 유형의 상호작용을 설명하기 위해 헤드스트룀이 제시하는 예는 '이리 떼(wolf-pack)' 행동이다. 도로와 날씨의 조건이 동일할 때, 가끔 고속도로를 달리던 차가 갑자기 무엇인가를 발견한 듯 속도를 줄이고 규정속도를 유지하는 것을 볼 수 있다. 이러한 행동은 반복적으로 발생하는데, 뒤차는 이를 자신에게 신호를 주려고 한 것으로 판단하고 다시 속도를 줄이는데, 이런 신호들에 대한 해석은 관찰 가능한 사회적 행동을 유발시킨다. 비록 뒤따라오는 운전자의 신념이 잘못된 것이라고 할지라도 그것은 앞차와 동일한 행동을 유발시켰다.[171] 이것은 이른바 토마스의 법칙이라고 불린다. 즉 "만일 어떤 사람이 그 상황이 실제인 것으로 규정하면, 그것은 그 결과에 있어서 실제적이다."[172]

헤드스트룀은 신념에 의해 조절되는 사회적 상호작용의 과정을 다음과 같이 정리한다.

> 1. 다른 사람이 A를 한다.
> 2. 만일 내가 그들은 그들이 하고 있는 일에 대한 충분한 이유가 있다고 믿는다면, 그들의 행동은 A를 하는 것의 가치에 대한 그들의 신념에 대한 나의 신념에 영향을 줄 것이다.
> 3. 선택을 해야 하는 애매한 상황에서, 그들의 신념에 대한 나의 신념은 A를 하는 것에 대한 나의 신념에 영향을 줄 것이고, 특별히 만일 그들이 내가 가지고 있지 않은 관련 정보에 대한 그들이 접근해 있다고 내가 믿고 있다면 더욱 그럴 것이다.

---

171) *Ibid.*, 47-48.

172) *Ibid.*, 46.

4. 그러므로, 내가 A를 할 것 같은 가능성은 A를 하는 다른 사람들의 숫자에 따라 증가한다.[173]

다음의 표는 동위화(coordination) 문제에 있어서 신념에 의해서 조절되는 상호작용의 과정을 보여 준다.

나는 당신이 A에게 간다는 조건에서 내가 A에게 가기를 열망한다고 믿는다고 믿는다.
(I believe that you believe that I desire to go to A on condition that you go to A)
↘

나는 당신이 A에게 갈 것이라고 내가 믿는다고 당신이 믿는다고 믿는다.
(I believe that you believe that I believe that you will go to A)
↓

나는 내가 A에게 간다는 조건에서 당신이 A에게 가기를 열망한다고 믿는다.
(I believe that you desire to go to A on condition that I go to A)
↘

나는 내가 A에게 갈 것이라고 당신이 믿는다고 믿는다.
(I believe that you believe that I will go to A)
↓

나는 당신이 A에게 간다는 조건에서 A에게 가기를 열망한다.
(I desire to go A on conditon that you go to A)
↘

나는 당신이 A에게 갈 것이라고 믿는다.
(I believe that you will go to A)
↓

나는 A에게 갈 것이다.
(I will go to A)

그림 4) 동위화 문제에 있어서 신념이 매개된 상호작용.[174]

한편 인식적 부조화에 대한 페스팅거(Festinger)의 이론은 한 사람의 신념이 다른 사람에 의해서 어떻게 영향을 받게 되는지를 잘 설명해 주고 있다. 그 핵심적인 내용을 정리하면 다음과 같다.

---

173) *Ibid.*, 50.

174) *Ibid.*

1. 인식적 부조화는 심리학적으로 비연속적인 조건에 노출되었을 때마다 발생하는 심리학적인 불편함의 상태이다.
2. 부조화의 크기는 그 요인이 그 사람에게 갖는 중요성에 달려 있다.
3. 부조화는 그 부조화를 감소시키려는 중압감을 발생시키고, 그 중압감의 강도는 부조화의 크기와 상관관계가 있다.[175]

열망에 의해 조절되는 사회적 상호작용에서는 먼저 일차 열망과 이차 열망을 구분해야 한다. 만일 내가 p를 열망한다면, 그리고 만일 그리고 오직 만일 q라면 p라고 믿는다면, 이런 경우 p는 일차적인 열망이 되고 q는 이차적인 열망이 된다.[176]

이러한 구분하에서 다음과 같은 3가지 유형으로 열망에 의해 조절되는 상호작용이 구분될 수 있다.

1. 다른 사람들이 A를 한다.
   그들이 A를 하는 것이 내가 얼마나 강력하게 A를 원하는 가에 영향을 미친다.
   그러므로 내가 A를 할 가능성은 그들이 A를 하는 것에 의해서 바뀐다.

2. 다른 사람들이 A를 한다.
   나는 그들처럼 되고 싶다(혹은 그들처럼 되고 싶지 않다).
   그러므로 내가 A를 할 가능성은 그들이 A를 하는 것에 의해서 바뀐다.

---

175) *Ibid.*, 51.

176) *Ibid.*, 52.

3. 다른 사람들이 A를 한다.
　나는 그들이 하는 것과 같은 일을 하는 것이 내가 B를 획득할 가능성을 증가(혹은 감소)시킨다고 믿는다. 그리고 B는 내가 열망하는 것이다.
　따라서 내가 A를 할 가능성은 그들이 A를 하는 것에 의해서 바뀐다.[177]

세 가지 유형 모두 기본적인 전제('다른 사람들이 A를 한다')와 결론('그러므로 내가 A를 할 가능성은 그들이 A를 하는 것에 의해서 바뀐다')은 같다. 그러나 유형 1)의 경우 다른 사람이 A를 하는 것 자체가 나의 열망에 영향을 미치고 있지만, 내가 그들처럼 되고 싶다는 의미에서 유형 2)와 유형 3)은 나의 열망의 대상이 된다.

유형 1)은 다시 두 가지로 세부 유형으로 나누어 볼 수 있다.

1.1 나에게 더욱 바람직한 그런 방법으로 A에 영향을 줌으로써
1.2 A가 나에게 바람직하게 보이는 방식으로 나의 정신적 상태에 영향을 줌으로써[178]

유형1.1)은 다음과 같은 예로 설명할 수 있다. 만일 점점 많은 사람들이 팩스를 사용하게 된다면 팩스를 구매해서 사용하는 것이 나에게 바람직하다. 만일 아무도 팩스를 사용하지 않는다면 그것은 나에게도 소용없는 물건이다. 그러나 만일 점점 많은 사람들이 팩스를 사용하게 되면 팩스를 구매하는 것이 바람직한 일로 느껴져서 그것을 구매하고자 하는 열

---

177) *Ibid.*, 52.

178) *Ibid.*, 53.

망이 발생하게 된다.[179] 유형 1.2)는 개인 간에 발생하는 부조화를 감소시키기 위해서 다른 사람이 하고 있는 A를 하고자 하는 열망이 발생하는 경우이다. 만일 나의 친구들과 동료들이 지식인 문화 계층 출신이라면, 그것은 나에게 사회적으로 정신적으로 스트레스를 주고 그들과의 부조화를 감소하려는 방향으로 열망을 조절해 갈 것이다.[180]

유형 2)의 경우는 다른 사람들처럼 되고 싶다는 열망 때문에 어떤 개인들이 그 사람들처럼 행동하는 패턴으로 소그룹들 안에서 발생하는 일치성의 압력에 대한 실험에서 명백하게 증명되었다.[181] 유형 3)의 경우는 개인들이 다른 사람들처럼 하고 싶어 하는 상황을 제시한다. 그들이 다른 사람들처럼 되고 싶어 하는 이유는 그것이 자신이 열망하는 어떤 것을 얻는 데 도움이 되기 때문이다.[182]

기회에 의해 조절되는 사회적 상호작용은 행위자에게 유용한 기회들에 영향을 줌으로써 한 행위자의 행동이 다른 행위자의 행동에 영향을 주는 경우를 말한다.[183] 화이트(Harrison White)는 자신의 저서 『Chains of Opportunity』에서 조직 내의 직업 이동성의 중요한 특징을 분석하였다. 개인에게 주어진 기회들은 공석에 있는 직업의 숫자에 의해서 제한받는다는 것이다. 즉 직업의 공백이 발생하거나 개인이 그 조직을 떠나려 할 때 혹은 새로운 자리가 창출되었을 때 직업의 이

---

179) *Ibid.*

180) *Ibid.*

181) *Ibid.*, 54.

182) *Ibid.*

183) *Ibid.*, 55.

동이 발생한다는 것이다. 이것이 발생한 비율이 직업 이동과정을 이해하는 데 핵심적인 역할을 한다.[184] 사회적 이동의 과정은 기회의 사슬에 의해서 지배를 받고, 기회에 의해서 조절되는 상호작용은 사회적 상호의존성을 창출한다.[185]

그림 5)는 신념과 열망에 의해서 조절되는 개인이 선택하는 과정을 사슬 구조로 나타낸 것이다.

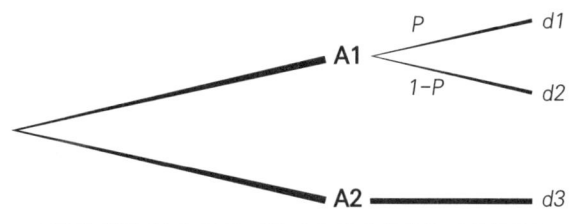

그림 5) 행위 A1과 A2로 이루어진 선택 상황을 표현해 주는 결정 갈래(Decision Tree)[186]

한 개인은 A1과 A2 둘 중의 하나를 선택할 수 있다. p와 1-p는 A1 행동에 뒤따르는 가능한 과에 대한 신념의 강도를 표시한다. d1과 d3는 행위자가 얼마나 그 결과를 바라고 있는지에 대한 정도를 나타낸다. 만일 행위자가 A2를 하지 않기로 선택했다면, 그는 무슨 일이 일어날 것이 확실히 알았기 때문이고 그 가치는 d3와 같다. 만일 행위자가 A1을 하기로 결심했다면 두 가지 일이 벌어진다. 만일 그가 그것을 가지고 도망친다면 그는 p가 일어날 가능성이 있다고 믿은 것이고 그

---

184) *Ibid.*

185) *Ibid.*, 56.

186) *Ibid.*, 57.

는 가장 값진 결과 d1를 얻어 낼 것이다. 만일 그가 잡힌다면 그는 그녀는 이것이 일어날 확률이 1-p라고 믿은 것이고, 그 가치는 d2와 같다. 그리고 그것은 d3보다는 덜 원하는 것이다(d2<d3). 다른 사람들이 범죄하는 숫자가 늘어나면 범죄를 하는 것에 대한 기대가치(p×d1+(1-p)×d2)는 증가한다. 범죄를 하는 사람의 숫자가 늘어가는 것은 범죄에 대한 바램을 높여 주고 추적의 가능성을 낮춰 준다. 그리고 이 점은 한 개인의 행동이 다른 개인의 행동 선택에 영향을 미친다는 점을 보여 준다.[187]

헤드스트룀은 DBO 이론을 거시적 영역에도 적용한다. 표 1)은 열망과 신념 그리고 기회가 행동으로 옮겨지는 유형에 대한 표이다.

패턴	열망	신념	기회	행위
(1)	1	1	1	1
(2)	0	1	1	0
(3)	1	0	1	0
(4)	0	0	1	0
(5)	1	1	0	0
(6)	0	1	0	0
(7)	1	0	0	0
(8)	0	0	0	0

표 1) DBO 패턴과 협조된 행동의 과정[188]

유형 1)에서 보여 주는 바와 같이, 한 개인의 행동이 유발되기 위해서는 열망이 있어야 하고 신념이 있어야 하고 기회가 주어져야 한다.

---

187) *Ibid.*, 56-57.

188) *Ibid.*, 77.

유형 3)과 같은 경우는 열망이 있고 기회는 주어졌지만 그 결과에 대한 신념이 없기 때문에 행동으로 옮기지 않은 것이다. 헤드스트룀은 8개의 유형 중에서 처음 4개의 유형에 주목하면서 모든 행위자들이 행동할 기회를 가진 것으로 가정하고 자신의 시뮬레이션을 진행한다. 그는 2,500명의 행위자들이 있는 것으로 설정하였다. 모든 사람이 동일한 기회를 가지고 있었기 때문에 기회(O)를 배제한 트리플렛(triplet) 즉 〈D.B.A〉를 설정하였다. 트리플렛에서 처음 두 항목이 각각 1이라면 행위자는 자신이 바라던 결과를 이끌어 낼 것이라고 믿고 행동에 옮기기 때문에 세 번째 항목도 1이 된다. 첫 번째 항목만 1이라면 그는 '긍정적 열망'을 가지고 있는 것이고, 두 번째 항목만 1이라면 그는 '긍정적' 신념을 가지고 있는 것이다. 이런 경우 상호작용을 통해서 각각 신념과 열망이 영향을 받아 행동으로 옮기게 될 수 있다.[189]

---

189) *Ibid.*, 78.

신념, 열망, 행동의 초기 유형들을 그림으로 나타내면 다음과 같다.

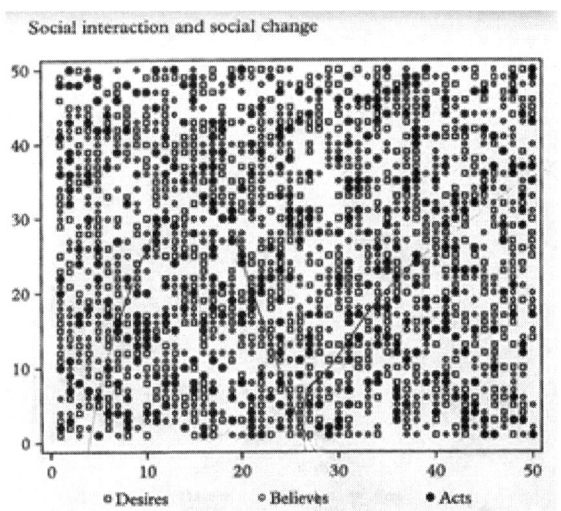

그림 6) 2,500명의 신념, 열망, 행위의 초기 패턴[190]
각각의 셀은 DBA 트리플렛의 현재 상태를 나타낸다.

　네모는 긍정적 열망을 가진 행위자들을 나타내고, 원은 긍정적 신념을 가진 행위자들을 나타내며, 검은 점은 긍정적 열망과 긍정적 신념을 가진 행위자들로서 그들이 열망했던 것이 이루어질 것이라고 믿고 행동으로 옮길 사람들을 나타낸다. 결과적으로 그들을 트리플렛은 ⟨1.1.1⟩이 된다. 그래프의 흰색 공간은 ⟨0.0.0⟩에 해당하는 사람들을 나타낸다. 그들은 긍정적 열망이나 긍정적 신념을 가지고 있지 않고, 그들이 바란 것이 발생할 것이라고 믿지 않는다. 40퍼센트의 행위자들이 긍정적 열망을 가지고 있고, 40퍼센트의 행위자들이 긍정적 신념을 가지고 있으며, 16퍼센트의 사람들이 긍정적 열망과 긍정적 신념을 동

---
190) *Ibid.*, 79.

시에 가지고 있다.[191] 각각의 행위자들은 그림 7)과 같이 이웃들에 의해서 영향을 받는다.

	A₁	
A₂	E	A₃
	A₄	

그림 7) 자아(Ego)와 개조자(Alter) 사이의 사회적 상호작용의 구조[192]

만일 대다수의 이웃들이 어떤 행위자와 다른 신념을 가지고 있다면 그 행위자의 신념은 변하게 될 것이다. 그렇지 않으면 원래의 신념을 유지할 것이다. 행위자의 열망 또한 동일한 논리로 움직이다.[193] 그림 8)은 상호작용의 시뮬레이션의 결과를 나타낸 것이다. 열망과 신념이 각각 섬을 이루었고 열망과 신념이 겹쳐지는 곳은 행동으로 나타났다.

---

191) *Ibid.*, 78-79.

192) *Ibid.*, 80.

193) *Ibid.*

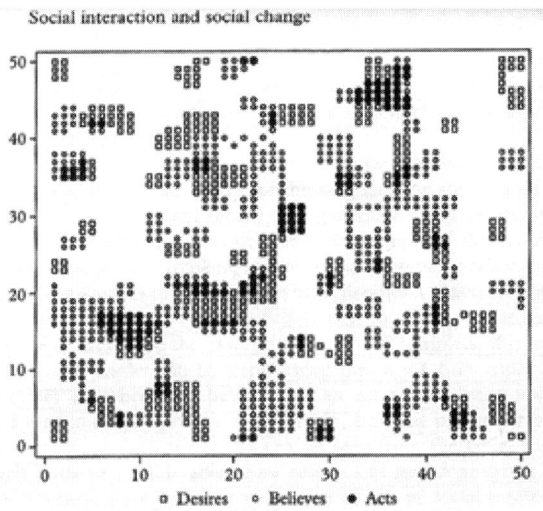

그림 8) 4명의 이웃과 상호작용을 한 2,500의 신념, 열망, 행위의 전형적인 패턴[194]

그러나 실제 그룹의 상황은 변동성이 있다. 즉 기존의 구성원들이 이탈하기도 하고 새로운 구성원이 들어오기도 하는 것이다. 따라서 헤드스트룀은 자신의 시뮬레이션에 기존의 구성원을 새로운 구성원으로 대체시키기도 하고 또한 새로운 구성원의 입장 후에 다시 상호작용을 시켜보기도 했다. 그 결과는 다음과 같다.

---

194) *Ibid.*, 81.

각 셀은 500번의 시뮬레이션에 근거한 평균값이다.	기본 시뮬레이션		바람이 담긴 생각		신-포도		바람이 담긴 생각과 신포도	
	행동	이탈	행동	이탈	행동	이탈	행동	이탈
초기	.16	.24	.16	.24	.16	.24	.16	.24
사회적 상호작용 이후	.05	.17	.10	.11	.04	.09	.07	.06
새로운 행위자의 등장 후	.11	.22	.14	.19	.09	.18	.11	.16
추가적 사회적 상호작용 후	.04	.16	.10	.10	.03	.06	.06	.04

표 2) 시뮬레이션 결과의 요약[195]

첫 번째 세로줄은 행동에 초점을 맞추었고 두 번째 세로줄은 이탈에 초점을 맞추었다. 초기 설정은 열망과 신념을 가진 구성원이 각각 40퍼센트였고 열망과 신념을 동시에 가진 구성원이 16퍼센트였다. 열망과 신념을 동시에 가진 구성원이 소수였기 때문에 첫 번째 상호작용은 결과적으로 행위자의 비율을 감소시켰다. 행위자가 20회 정도의 상호작용을 한 뒤에는 오직 5퍼센트의 구성원만이 행동으로 옮겼다. 그 시점에서 20퍼센트의 구성원이 새로운 구성원으로 대체가 되었다. 그 결과 행위자의 비율이 일시적으로 상승했으나 새로운 구성원들과의 상호작용 이후 행위자의 비율은 다시 원래의 비율 정도로 감소하였다.[196]

두 번째 세로줄에서도 동일한 결과가 발생했다. 이탈은 DBA 트리플렛에서 〈1.0.0〉으로 정의할 수 있는데, 이는 행위자가 열망은 가지고 있으나 그 열망이 긍정적인 결과를 가져오지 않을 것이라는 신념 때문에 행동을 포기하는 것이다. 처음에는 대략 4명의 구성원 중의 한 명

---

195) *Ibid.*, 82.

196) *Ibid.*, 80-81.

이 이탈자였다. 그러나 상호작용은 이탈자의 비율을 감소시켰으나 새로운 구성원의 출현으로 그 비율이 다시 증가하였다가 그들과의 상호작용 이후에는 다시 감소하는 결과를 보였다.[197]

바람이 담긴 생각(Wishful thinking)은 구성원의 열망을 그가 바라는 것이 이루어질 것이라고 믿는 신념과 임의적으로 연결시키는 것이다. DBA 트리플렛에서 보면 바람이 담긴 생각은 ⟨1.0.0⟩이 ⟨1.1.0⟩으로 변형되는 것을 가리킨다. 이 유형은 ⟨1.1.1⟩로 확정적이지는 않으나 변화될 가능성을 가지고 있다. 표에서 알 수 있듯이, 바램이 담긴 생각은 보다 많은 행동을 유발하고 보다 적은 이탈현상을 보인다. 새로운 구성원의 출현과 그들과의 상호작용은 기본 시뮬레이션과 동일한 양상을 보인다.[198]

신-포도 메커니즘(the Sour-grape mechanism)은 행동에 아무런 영향을 주지 못한다. 왜냐하면 ⟨1.0.0⟩이 ⟨0.0.0⟩으로 바뀌는 것은 행동에 아무런 영향을 주지 못하기 때문이다. 바람이 담긴 생각의 유형과는 달리 신-포도 메커니즘은 구성원의 행동에 직접적인 영향을 주지는 못하는 것으로 드러난다.[199]

마지막 유형은 바람이 담긴 생각과 신-포도 메커니즘이 각각 20퍼센트를 차지하도록 설정한 경우인데, 이 유형은 이탈에서 차별화된 수치를 보여 준다. 즉 이탈 비율이 초기 24퍼센트에서 그의 1/4에 불과

---

197) *Ibid.*, 81-82.

198) *Ibid.*, 83.

199) *Ibid.*

한 6퍼센트로 현저하게 줄어든 것이다.[200]

헤드스트룀은 위의 시뮬레이션에서 다음과 같은 결론을 내린다.

> 이 결과들은 사회적 상호작용의 과정이 우리가 관찰하는 사회의 유형들에 깊은 영향을 미친다는 점과 개인의 내부적 메커니즘이 발현되는 사회적 현상에 상당히 중요하다는 점을 보여 준다.[201]

그는 자신의 이러한 결론을 다시 증명하기 위하여 임의로 선택된 구성원과 상호작용을 하도록 그리고 세 명의 구성원과 상호작용을 하도록 설정한 시뮬레이션의 결과를 제시한다. 이 시뮬레이션에서는 앞의 시뮬레이션의 결과와는 달리 오직 소수의 구성원만이 긍정적 열망이나 신념을 가지고 있는 것으로 나타났다.[202] 다음 그래프는 두 가지 상호작용 영역이 어떻게 행동에 영향을 미치는지에 대한 것이다.

---

200) *Ibid.*, 83-84.

201) *Ibid.*, 84.

202) *Ibid.*, 84-85.

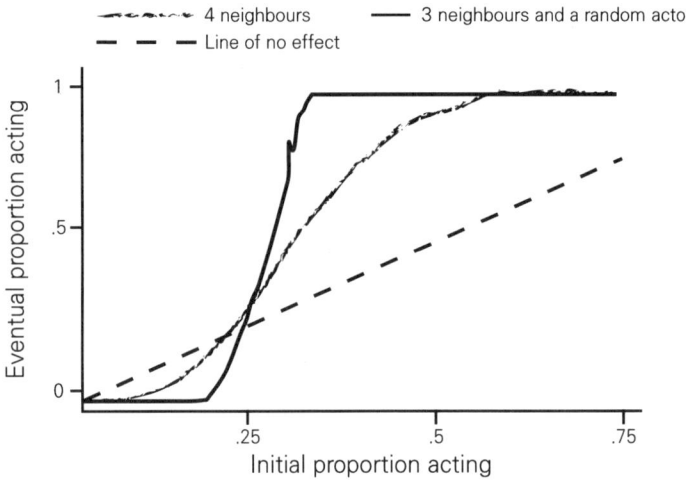

그래프 1) 독립적 그리고 비독립적 의사결정에서 기대되는 거시적 수준의 유형[203]

이 그래프는 시작 단계의 행동의 비율과 다른 사람과의 상호작용 이후의 행동의 비율의 관계를 나타낸다. '비효과의 선'은 초기의 비율이 결과적으로 행동한 비율과 동일한 것을 나타낸다. 네 명의 이웃이 있는 구조는 초기의 조건과 마지막 결과가 유연하고 점진적인 관계를 보여 준다. 그러나 세 명의 이웃이 있는 구조는 행위자가 20퍼센트 미만인 경우에는 아무도 움직이지 않고 35퍼센트 이상이 되면 모든 구성원이 다 움직이는 것으로 나타난다. 이는 두 상호작용이 어떤 조건에서 극적으로 다른 결과들을 유발한다는 점을 보여 준다.[204]

한편 헤드스트룀은 사회적 상호작용에서 네트워크가 미치는 영향력을 보여 주기 위해서 콜만(Coleman), 카츠(Katz) 그리고 멘젤(Menzel)의 연구 결과를 소개한다. 그들은 새로운 약을 의사들이 모두

---

203) *Ibid.*, 86.

204) *Ibid.*, 86.

도입하기까지 걸리는 시간에 대해 개별적으로 활동하는 의사들과 네트워크를 가지고 활동하는 의사들을 나누어서 연구하였다. 다음의 그래프는 그들의 연구 결과를 보여 준다.

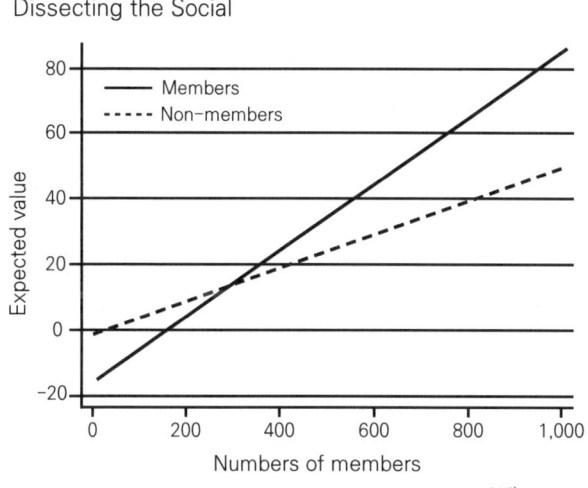

그래프 2) 집단적 행위 문제에 있어서 결정상황[205]

그들의 연구 결과에 따르면 개별적으로 활동하는 의사들보다 네트워크를 형성하여 상호 교류하는 의사들에게 신약이 보급되는 속도가 훨씬 빠르게 나타났다. 이러한 현상에 대하여 헤드스트룀은 다음과 같이 결론을 내린다.

> "이런 비교에 근거하여 그들은 전문적인 네트워크에 깊게 관여한 의사들과 그렇지 않은 의사들 사이에는 중요한 차이점이 있다고 결론을 내리고 있다. 전자의 경우는 눈덩이 과정이 중요하고, 후자는 그렇지 않다."[206]

---

205) *Ibid.*, 89.

206) *Ibid.*

3. 상징적 상호작용 이론(Symbolic Interactionism)

슈미츠는 상징적 상호작용이라는 용어의 시작을 다음과 같이 설명한다.

> 유아가 아동으로 그리고 성인으로 성장하는 것은 근본적으로 이전의 임의적 행동과 자극을 조절해 주는 것 그리고 그들에게 목표를 설정해 주는 것 대신 조직화된 생동을 형성해 가는 것이다. 이러한 견해는 본성이 중요하지만 지속적인 성장에 결정적인 역할을 하는 것은 아니라는 점을 인식하고 있다. 이 견해는 아동의 역동성, 이 본성의 적응성, 그리고 미형성된 자극의 중요성을 강조한다. 이 견해는 "상징적 상호작용주의자들(Symbolic interactionists)"이라고 편리하게 꼬리표 붙여진 사회 심리학자들에 의해서 채택된 견해이다.[207]

상징적 상호작용이론은 아동들이 접하는 환경 중에 가장 중요한 요소들이 상징(symbols)과 이해(understandings)라고 가정한다.[208] 이 이론은 본질적으로 사회-심리학적 접근을 시도하고,[209] 자아를 가지고 있는 개인에 초점을 맞춘다.[210] 또한 개인의 내면적 사고와 감정 그리고 사회적 행동 사이의 상호작용에 관심을 두고 있다.[211] 상징적 상호작용은 개인을 자신의 행위에 대한 역동적인 건설자로 간주하고,[212] 개

---

207) Emerson P. Schmidt, *Man and Society*(Englewood Cliff, N. J.: Prentice Hall, Inc, 1937), 151-52.

208) Ruth A. Wallace and Alison Wolf, *Contemporary Sociological Theory-Expanding the Classical Tradition,* 191.

209) *Ibid.*

210) *Ibid.*

211) *Ibid.*

212) *Ibid.*

인이 결정하고 사고를 형성하는 과정을 또한 강조한다.[213] 상징적 상호작용은 개인의 자아와 의사결정 과정에 초점을 맞추기 때문에, 이미 결정된 규칙이나 외부적인 힘에 의해서 개인의 의사가 결정될 수 있다는 전제를 부정한다.[214]

상징적 상호작용이론은 웨버(Max Weber)와 심멜(Georg Simmel)의 이론에 그 사상적 뿌리를 두고 있다. 웨버는 사회학에 대하여 다음과 같이 정의한다.

> 사회학은 과정과 영향에 대한 임의적인 설명에 도달하기 위하여 사회적 행동에 대해 해석적 이해를 시도하는 과학이다. 행동하는 개인은 그것에 주관적인 의미를 부여하는데, 모든 인간의 행위는 "행동(action)"에 포함되어 있다. 행동이란 이런 의미에서 공개적이거나(overt) 순수하게 내향적이거나 주관적이다. 즉 행동은 어떤 상황 속에 긍정적으로 중재하는 것으로 구성되어 있거나, 그런 중재를 적극적으로 제한하거나 혹은 수동적으로 그런 상황에 수긍하는 것으로 구성되어 있다. 행동은 행동하는 개인에 의해서 그것에 부여된 주관적인 의미에 의해서만 사회적이다. 그것은 다른 사람의 행위를 고려하고 그것에 의해서 그 과정에 적응된다.[215]

상징적 상호작용이론이 사상적 뿌리를 두고 있는 또 한 명의 학자는 심멜인데 그는 인간의 신체기관과 사회를 비교하면서, 사회 속에 있는 개개의 구성요소들에 대해 관심을 집중하고 있다.

---

213) *Ibid.*

214) *Ibid.*

215) Max Weber, *The Theory of Social and Economic Organization*, trans. and ed. A. M. Henderson and Talcott Parsons(New York: Oxford University Press, 1964), 88.

우리 자신을 거대한 사회적 틀 속에만 제한시키는 것은 주요하고 명확하게 규정된 심장, 간, 폐, 위 등과 같은 신체기관에만 제한되어 있는 해부학이라는 낡은 과학과 유사하다. 이 낡은 과학은 셀 수조차 없이 많고, 이름이 붙여지지 않았거나 알려지지 않은 세포조직(tissues)에는 관심을 기울이지 않았다. 이런 조직들이 없이는 보만 명확한 신체기관이라고 할지라도 생명체를 구성할 수 없다.[216]

이런 사상적 계보 속에서 미드(George Hebert Mead)는 '자아'에 대해서 관심을 갖고 자신의 이론을 『Mind, Self and Society』라는 저서[217]를 통하여 발전시킨다. 자아는 행동하는 조직이지, 자극을 단순히 수용하고 반응하는 수동적인 그릇(receptacle)이 아니다.[218] 상징적 상호작용이론은 자아를 구별되지 않는 어떤 것으로 취급하기를 거절함으로써 결정론적 자세를 거부한다.[219]

미드는 사회과학자들에게 구조화되지 않았고 이미 설정된 환경에 의해서 영향을 받지 않는 행위를 분석할 수 있도록 하는 전망을 제시했다.[220] 인간이 자신과 나누는 내적인 대화는 미드의 이러한 전망의 중요한 부분을 차지한다. 왜냐하면 이러한 대화를 통해서 인간은 사물을

---

216) Kurt H. Wolff, *The Sociology of Georg Simmel*(New York: The Free Press, 1978), 1-10.

217) George H. Mead, *Mind, Self and Society*(Chicago: University of Chicago Press, 1934).

218) Ruth A. Wallace and Alison Wolf, *Contemporary Sociological Theory-Expanding the Classical Tradition*, 197.

219) *Ibid.*, 198.

220) *Ibid.*, 199.

고려하고, 행동하기 위해 자신을 조직화하기 때문이다.[221] 또한 자아의 상호작용은 역할을 취득하는 근거가 되는데, 이는 미드의 인간의 행위라는 개념의 핵심이다.[222]

　미드는 인간의 자아가 3단계를 거쳐서 발달한다고 본다. 그 첫 번째 단계는 전조작기이다. 2살 정도에 형성되고, 행동들을 의미 없이 따라서 반복하는 시기이다. 개인이 그 자신의 사물에 대한 반응에 있어서 다른 사람의 태도를 수용하도록 스스로를 자극함으로써 경험에서의 의미가 형성된다.[223] 의미라는 것은 주요한 상징들의 사용과 서로 다른 태도가 결합되어 형성된 것이다.[224] 두 번째 단계는 조작기이다. 이는 아동기에 형성되는 단계로 이 시기의 아동은 자신을 다른 사람의 입장에 놓을 수 있으나 다른 조작자들의 역할과 연결시키지는 못한다.[225] 세 번째 단계는 놀이의 단계이다. 이 시기에는 여러 조작자들이 함께 행동할 수 있다. 이것은 복잡하고 조직화된 놀이의 형태로 발생하는데, 팀의 구성원들은 다른 조작들의 태도와 역할들을 예상해야 한다.[226] 성숙한 자아는 일반화된 다른 사람들이 내재화됨으로써 공동체가 개인들의 행동을 통제할 수 있을 때 나타난다.[227] 자아가 기반을 두고 있는 구

---

221) *Ibid.*, 200.

222) *Ibid.*, 201.

223) *Ibid.*, 201.

224) *Ibid.*, 202.

225) *Ibid.*

226) *Ibid.*

227) *Ibid.*

조는 모든 사람에게 공통적인 반응이다. 왜냐하면 개인은 자아가 되기 위해서 공동체의 구성원이 되어야 하기 때문이다.[228]

미드에 이어서 상징적 상호작용이론에서 중요한 역할을 하고 있는 학자는 블루머(Herbert Blumer)이다. 블루머는 인간의 상호작용에 대한 사회과학적 설명에 있어서 관찰 가능한 행위뿐만 아니라 주관적 행위 혹은 숨겨진 행위를 포함해야 할 필요성을 제기하였다.[229] 블루머는 상징적 상호작용은 자극-반응이라는 한 쌍에 해석을 첨가시켜 자극-해석-반응이 되어야 한다고 설명한다.[230] 그는 또한 자기-암시(Self-indication)의 과정에서 개인은 어떤 자극을 자신에게 지목하고 그런 다음 그 자극이 자신에게 드러나는 모습을 해석한다고 주장한다.[231]

블루머는 상징적 상호작용이론의 세 가지 전제를 다음과 같이 제시한다.

1. 인간은 사물이 자신에게 주는 의미라는 기초 위에서 사물에 대하여 행동한다.
2. 사물의 의미는 한 인간이 다른 동료들과 가지고 있는 사회적 상호작용으로부터 발생한다.
3. 사물의 의미는 자신이 직면하는 사물들을 취급하는 사람들에 의해서 사용되는 해석적 과정을 통하여 조절되거나 수정된다.[232]

---

228) *Ibid*.

229) *Ibid*., 206.

230) *Ibid*.

231) *Ibid*., 207.

232) *Ibid*., 208-12.

블루머는 구조에 대해서는 부정적인 견해를 가지고 있다. 블루머는 종종 구조를 '구속복(straightjacket)'이라고 언급한다.[233] 그는 문화적 구조와 사회적 구조를 구속이라고 간주하기 때문에 그의 분석에 있어서 '과정'에 초점을 맞춘다.[234] 그는 구조 분석의 무용성에 대해서 확고한 신념을 가지고 있다.[235] 미드와 마찬가지로 그는 인간을 항상 활동적이고 항상 노력하고 항상 조절이 가능한 존재로 간주한다.[236] 상징적 상호주의자들이 강조하는 것은 인간이 자신의 행동을 결정함에 있어서 비구조화되고 정의되지 않은 많은 상황들이 존재한다는 것이다.[237]

상징적 상호작용에서 사용하는 방법론은 개인들이 내면으로부터 세계를 정의하는 과정을 살피고, 동시에 사물들의 세계를 검증하는 것이다.[238]

---

233) *Ibid.*, 212.

234) *Ibid.*, 215.

235) *Ibid.,* 214.

236) *Ibid.*

237) *Ibid.*

238) *Ibid.*, 219.

눈먼 사람 이야기와
요한공동체

제3장

죄 논쟁과 요한공동체

1. 요한복음서의 죄

요한복음서에는 죄($αμαρτια$)라는 명사가 17번 등장한다.[239] 마태복음서에서 7번, 마가복음서에서 6번, 누가복음서에서 11번 등장하는 것을 고려하면 요한복음서는 죄를 비교적 비중 있게 취급하고 있다. 왜 요한기자는 다른 복음서에 비해서 죄에 대하여 더욱 관심을 갖는 것일까? 그것은 아마도 요한공동체가 처한 출교의 상황과 깊은 연관성이 있어 보인다. 요한복음서에는 세 번에 걸쳐 유대교로부터 출교에 관하여 언급하고 있다(9.22; 12.42; 16.2). 그만큼 출교의 상황은 요한공동체에게 있어서 중요한 국면이었다.[240] 어떤 그룹이[241] 모(母)공동체로

---

239) Leon Morris, "The Atonement In John's Gospel", *CTR*(1988): 50.

240) 요한복음 해석에 있어서 유대교 문제에 관하여는 윤철원의 다음 논문을 참조하라. 윤철원, "요한복음 해석과 유대교 문제의 중요성", 「신약논단」, 17(2010), 597-622.

241) 요한공동체는 이미 하나의 독립된 공동체를 형성하고 있는 것으로 보이지만, 출교 당시에는 유대교 공동체 내의 한 그룹으로부터 시작하였을 것이므로 여기서는 '그룹'이라는 용어를 사용했다.

부터 배척당한다는 것은 모공동체의 사회적 규범으로부터 일탈해 있다는 것을 전제한다. 어떤 공동체에 지속적으로 속하고자 하는 일반적인 그룹들이나 개인들의 경우 그 공동체가 설정하고 있는 규범들과의 괴리 즉 인식적 부조화(cognitive dissonance)를 가급적 회피하고자 한다.[242] 공동체의 구성원으로서 그 공동체의 보호 속에 살고 또 권리를 누리기 위해서는 공동체의 규범을 준수해야 하기 때문이다. 그러나 요한공동체의 경우 유대교 공동체의 일원으로서 그 공동체의 규범에서 벗어나고 그로 인해 발생하는 인식적 부조화를 좁히는 노력을 하지 않음으로써 발생하는 정신적 소외감 즉 죄책감의 문제를 해결해야만 했을 것이다. 이 점이 요한공동체가 죄에 대한 관심도를 높이는 주요한 요인이 되었을 것으로 추정할 수 있다.

　요한복음서에서는 죄가 세 개의 층을 이루고 있다. 그 하나는 요한의 예수가 부분적으로 혹은 비판적으로 사용하는 유대인들의 죄에 대한 견해이고, 다른 하나는 요한기자가 제시하는 죄에 대한 견해이며, 또 다른 하나는 유대인들이 특히 바리새인들이 바라보는 죄에 대한 견해이다. 요한의 예수는 유대인들이 사용하고 있는 죄에 대한 견해를 그대로 수용하여 사용하기도 하고 바리새인들과의 논쟁적인 정황 속에서는 독자적인 죄에 대한 견해를 제시하기도 한다. 또한 바리새인들은 죄에 대하여 요한의 예수와 상치되는 견해를 제시하기도 한다.

　첫 번째 범주의 죄에 대한 견해 즉 유대인의 죄에 대한 일반적인 견해를 요한의 예수가 부분적으로 수용하거나 혹은 비판적으로 사용한

---

242) Ruth A. Wallace and Alison Wolf, *Contemporary Sociological Theory-Expanding the Classical Tradition*, 333. Leon Festinger, *A Theory of Cognitive Dissonance*, 281-83.

용례는 5.14; 8.7; 8.11 등을 들 수 있다. 5장 14절은 예수가 예루살렘에 있는 양문 곁에 있는 베데스다라는 연못 옆에 있던 한 38년 된 신체 장애인을 치료한 후에 "네가 나았으니 더 심한 것이 생기지 않게 다시는 죄를 범하지 말라"고 경계한 내용이다. 이 구절에서 요한의 예수는 "더 심한 것이 생기지 않게 다시는 죄를 범하지 말라" 다시 말하면 "죄를 범한다면 더 심한 것이 생길 것이다"라고 언급함으로써 질병과 죄의 상관관계를 인정하고 있는데, 이를 인정하는 것은 유대교 신학에서 일반적인 것이다.[243] 그러나 질병과 죄의 상관관계에 대하여 요한의 예수는 9장 3절에서는 그 상관관계를 부인하고 있다. 9장 2절에서 제자들은 한 눈먼 사람을 보고 "랍비여 이 사람이 맹인으로 난 것이 누구의 죄로 인함이니까 자기니이까 그의 부모니이까?"라고 질문을 던진다. 이에 대하여 요한의 예수는 "이 사람이나 그의 부모의 죄로 인한 것이 아니라 그에게서 하나님이 하시는 일을 나타내고자 하심이니라"고 대답하면서 죄와 질병의 상관관계를 부정한다. 요한의 예수가 죄와 질병의 상관관계라는 동일한 항목에 대하여 상치되는 견해를 보이는 것에 대하여 리더보스(Herman Ridderbos)는 다음과 같이 설명한다.

> 그가 여기에서 제시하는 연관성은 보다 일반적인 종류의 것이고 마태복음 9장 2절에 있는 진술 중 하나를 회상하게 만든다: 예수의 치료 사역은 죄의 용서라는 영역 밖에서는 일어나지 않는다.[244]

---

243) D. A. Carson, *The Gospel according to John*(Grand Rapids, Michigan: William B. Eerdmans Publishing Company, 1991), 246. John Christopher Thomas, "Stop Sinning Lest Something Worse Come Upon You: The Man At the Pool in John 5", 3-20.

244) Herman Ridderbos, *The Gospel of John*(Grand Rapids, Michigan: William B. Eerdmans Publishin Company, 1991), 188.

리더보스는 5장 14절에 제시된 죄와 질병의 상관관계는 일반적인 것이라고만 주장할 뿐 요한의 예수가 왜 상치된 견해를 표방하고 있는지 그 이유에 대해서는 설명하지 못한다. 9장 3절에 대한 그의 언급에서도 9장 3절이 하나님의 목적이라는 전혀 다른 관점에만 초점이 맞추어졌다고 설명할 뿐 명쾌한 이유를 제시하지는 못한다.[245]

한편 카손(D. A. Carson)은 5장 14절과 9장 3절의 상이한 견해에 대하여 다음과 같이 언급한다.

> 비록 고통과 질병이 신학적으로 죄와 깊은 관련성을 가지고 있다고 할지라도, 또한 요한이 다른 곳에서 특정한 질병이 반드시 특정한 죄의 결과일 필요는 없다고 할지라도(9.3), 어떤 질병이 특정한 죄의 직접적인 결과일 가능성을 배제할 수 있는 어떤 요인도 없다.[246]

카손은 특정한 질병이 특정한 죄의 결과는 아니라는 9장 3절의 견해를 수용하면서도 죄가 어떤 질병과 상관관계가 있다는 점을 배제할 수 없다고 주장하고 있다. 그러나 카손 역시 요한기자가 왜 죄와 질병의 상관성을 때론 인정하고 때론 부인하고 있는지에 대한 납득할 만한 설명을 제시하지 못하고 있다.

이에 대한 윈(Kerry H. Wynn)의 정리와 연구는 보다 구체적인다. 그는 5장 14절과 9장 3절의 상치된 견해에 대한 기존의 견해를 다음과 같이 세 가지로 정리한다. (1) 5.14은 예수 당시의 사회적 맥락에서 제시된 예수의 견해를 반영한 것이고, 9.3은 이 한 사람에 대

---

245) Ibid., 333.

246) D. A. Carson, *The Gospel according to John*, 246.

한 특별한 견해이다(Colleen C. Grant). (2) 5.14은 영적으로 혹은 사회적으로 이해되어야 하고 9.3은 예수의 진정한 이해를 반영한다. (3) 그들 둘 다는 요한기자의 출처의 요소들을 반영한 것이다(Ernst Heanchen).[247] 윈은 위 세 가지의 기존 주장과는 달리 5.14와 9.3의 관계를 이해하는 데 영적인 진술이 뒤따르는 어리석은 질문이 열쇠라고 주장한다.

> 비록 중간에 3장에 끼어 있다고 할지라도 영적인 진술이 뒤따르는 어리석은 질문의 사용이 5.14와 9.3의 관계를 이해하는 데 핵심이다. 예수는 치료받은 사람에게 '보라 온전하게 되었다. 더 나쁜 일이 더 이상 너에게 일어나지 않도록 죄를 짓지 말라'고 한다. 이 말을 들은 제자들은 어리석고 구체적인 질문을 던진다. '랍비여, 그가 눈을 못 보게 태어난 것은 이 사람이 죄를 지어서입니까? 그의 부모가 죄를 지어서입니까?' 이는 뒤따르는 치료와 가르침을 위한 정황을 제공한다.[248]

그러나 윈은 5.14와 9.3 사이에 끼어 있는 3장에 대해서 설명하지 못한다. 만일 윈의 가정처럼 요한기자가 제자들이 베데스다에서 예수의 발언을 듣고 9.2에서 질문하고 예수가 9.3에서 그에 대한 대답을 제시하도록 설정한 것이라면, 베데스다 사건과 눈먼 사람 치유 사건은 맞닿아 간다. 그리고 5장의 베데스다 사건에는 제자들이 등장하지 않는다. 이 점은 윈이 제시한 예수 발언-제자-예수 발언의 구조를 약화시킨다. 또한 5.14도 예수의 발언이라는 점은 요한기자가 5.14과 9.3

---

247) Kerry H. Wynn, "Johannie Healings and the Otherness of Disablity", *PRS* 34(2007): 64.

248) *Ibid*.

의 상치된 진술을 의도적으로 설정하지 않았을 가능성을 제기해 준다.

오히려 이런 현상은 요한공동체가 유대교로부터 축출된 후 공동체가 확립되어 가는 과도기적 상황을 반영하고 있는 것으로 간주할 수 있다. 유대교 사회로부터 분리된 요한공동체의 구성원들은 유대교의 신학과 가치를 모두 버린 것이 아니라 자신들의 견해와 주요하게 충돌되는 부분 특히 예수를 그리스도로 시인하는 문제(9.22)에 관하여서 자신의 견해를 고수하고 있었다. 따라서 요한공동체는 죄와 질병의 관계라는 항목이 유대교와 주요하게 충돌하는 부분이 아니었기 때문에 초기에는 그대로 수용했을 가능성이 높아 보인다.[249] 그러나 요한공동체의 축출 이후 공동체가 독립적인 입지를 굳혀 감에 따라서 유대교와 요한공동체 사이에 벌어진 인식적 부조화의 문제를 해결할 방편이 필요했을 것이다. 인식적 부조화는 개인과 그룹의 정체성을 저하시키는 기능을 하기 때문이다. 따라서 요한공동체는 죄 문제와 관련하여 유대교 사회와 차별성을 제시할 필요를 느꼈을 것이다. 요한공동체가 유대교와 분리된 독립된 공동체로서 자리매김하기 위해서는 새로운 가치가 필요하기 때문이다. 따라서 요한의 예수는 죄와 질병의 상관관계를 끊고, 눈먼 사람이 가지고 있던 질병이 하나님의 하시는 일을 나타내기 위한 것이라고 주장함으로써 질병이 반드시 죄로부터 오는 것은 아니라는 새로운 신학을 제공한다. 또한 시각장애라는 현재의 고통이 하나님의 하시는 일을 나타내기 위한 것이라고 주장함으로써 현재의 고난에 신학적 정당성을 부여한다. 요한의 이러한 의도는 출교가 언급된 모든 본문들

---

249) 9.3에서는 죄와 질병의 상관관계를 명시적으로 표명하고 있지만 5.14에서는 그렇지 않다는 점은 요한기자가 두 구절이 상치됨을 의식하지 못한 채 5.14에서 유대교의 견해를 그대로 반영하고 있을 가능성을 증폭시킨다.

에 하나님을 개입시키고 있는 것에서도 찾아볼 수 있다.[250]

여기서 왜 하필 죄에 관한 항목에서 '요한공동체는 유대교와의 차별화를 시도하고 있는가'라는 질문을 던져 볼 수 있다. 그것은 아마도 출교로 인해서 유대교와의 사이에서 인식적 부조화를 경험하면서 불안감을 느끼고 있는 공동체 구성원들에게 죄와 질병이 상관관계가 없다는 것을 강조하는 것은 스스로를 죄인들이라고 생각하고 있는 구성원의 마음의 짐을 덜어 주는 기능을 하기 때문일 것이다. 만일 죄와 질병의 상관관계를 계속해서 강조한다면 요한공동체의 구성원들은 자신들의 죄 때문에 앞으로 다가올 미래에 대해서 부정적인 견해를 갖게 될 것이다. 그러나 죄와 질병의 상관관계를 끊는 것은 요한공동체가 유대교 사회로부터 분리되는 것에 대한 두려움을 해소하는 데 크게 기여할 수 있었을 것이다.

예수가 죄를 언급한 8장 7절과 11절은 서기관과 바리새인들이 간음하다가 현장에서 잡힌 여인을(8.3) 예수에게 데리고 와서 모세의 율법을 따라 돌로 치는 것에 대해 예수의 견해를 묻는(8.5) 장면에 속해 있다. 요한의 예수는 그 여인을 모세의 율법[251]에 따라 돌로 쳐야 하는지

---

250) 요한공동체의 출교는 9.22; 12.42; 16.2에서 언급되었는데, 먼저 9.22에 언급된 출교는 눈먼 사람 이야기의 내용에 포함되어 있고 여기서 눈먼 사람이 앞을 못 보게 된 것은 하나님의 일하심을 나타내고자 함(9.3)이라고 언급한다. 12장 42절에서도 출교가 언급되고 있는데, 요한은 출교를 두려워하는 것에 대하여 '사람의 영광을 하나님보다 더 사랑하였다(12.43)'고 언급함으로써 요한공동체가 하나님을 더 사랑한 공동체라는 점을 암시해 주고 있다. 16장 2절에 언급된 출교에 관한 내용에서도 유대교가 요한공동체를 출교시킨 것은 "아버지와 나를 알지 못함(16.3)" 때문이라고 언급함으로써 역으로 요한공동체는 아버지와 아들을 잘 알고 있다는 점을 암시해 주고 있다.

251) 율법에 대한 이해를 위해서는 다음을 참조하라. Barnabas Lindars, *John*, 54-56.

를 묻는 서기관과 바리새인들의 질문에 대하여 "너희 중에 죄 없는 자가 먼저 돌로 치라(8.7)"[252]고 대응한다. 여기서 죄는 8장 5절에서 명시하듯이 모세의 율법에 근거해 판단된 죄이다.[253] 요한의 예수는 유대교의 율법에 근거해 판단된 죄라는 개념을 사용하되 그것을 요한공동체에 적용시키기보다는 오히려 유대인들에 대한 비판을 위하여 사용하고 있다. 또한 11절에서 요한의 예수는 "나도 너를 정죄하지 아니하노니 가서 다시는 죄를 범치 말라"고 언급한다. 11절의 죄는 7절과 동일한 죄 즉 모세의 율법에 근거해 판단된 죄 특별히 간음죄를 가리킨다. 요한의 예수는 11절에서 모세의 율법에 의해 판단된 죄에 대하여 정죄하지 않을 것이라고 언급함으로써 유대교 내에서 형성된 죄 개념의 유효성을 요한공동체 내에서는 무력화시키고 있다.

8장 7절과 11절의 죄에 관한 요한의 예수의 언급은 유대교로부터의 출교를 경험한 요한공동체의 구성원들이 가지고 있었던 죄책감을 경감시켜 주는 역할을 한다. 7절에 따르면, 요한의 입장에서 유대인들은 요한공동체를 향하여 더 이상 심판할 수 있는 권한이 없다. 왜냐하면 유대인들 역시 모세의 율법이 규정한 죄로부터 자유롭지 못한 자들이기 때문이다. 또한 11절에 따르면 요한공동체 내에서는 율법적인 죄가 더 이상 판단받지 않는다. 왜냐하면 요한의 예수가 율법에 근거해 규정된 죄에 대하여 심판하지 않기 때문이다. 이와 같이 요한기자는 예수의 언급을 통하여 요한공동체가 가지고 있는 죄책감을 완화시키기 위하여

---

252) 카슨은 '죄 없는 자가 돌로 치라'는 예수의 언급에 대하여 다음과 같이 설명한다. D. A. Carson, *The Gospel according to John*, 336.

253) 유대인들의 죄 개념의 형성에 관하여는 다음을 참조하라. Bruce J. Malina, "Some Observations on the Origin of Sin in Judaism and St. Paul", *CBQ* 31(1969): 18-34.

노력한다.[254)]

 요한의 예수는 유대교의 죄 개념을 부분적으로 수용하고, 요한공동체의 죄책감 완화를 위하여 부분적으로 유대교를 비판하는 데 사용할 뿐 아니라, 둘째, 죄에 대하여 새로운 정의를 내리고 있다. 15장 21-24절에서 요한의 예수는 자신과 자신을 보낸 아버지에 대하여 세상에 설명했지만(22절) 그들은 그것을 알지 못했기 때문에(21절) 그 점이 죄가 된다고 언급한다(22절, 24절).[255)] 또한 16장 9절에서 요한의 예수는 "죄에 대하여라 함은 저희가 나를 믿지 아니함이요"라고 언급함으로써 자신을 믿지 않는 것이 죄라고 규정하고 있다.[256)]

 요한의 예수는 모세의 율법에 근거한 죄 규정을 넘어서는 새로운 죄 규정을 제시하고 있다. 이 점은 요한공동체의 구성원들에게 두 가지 긍정적인 작용을 했을 것이다. 첫째, 요한공동체의 구성원들이 떠안고 있는 죄책감의 문제를 완전하게 진화하는 기능을 수행하는 것으로 보인다. 요한공동체의 구성원들이 유대교로부터 축출되어 나오면 가지고 있었던, 자신들은 모세의 율법에 근거한 공동체로부터 거절당한 죄인

---

254) 세례요한은 1장 29절에서 예수에 대하여 "보라 세상 죄를 지고 가는 하나님의 어린 양이로다"라고 언급한다. 이 구절 또한 요한공동체의 구성원이 더 이상 유대교에 의해서 규정된 죄에 의한 죄책감에 매여 있을 필요가 없다는 점을 주지시켜 준다. 유대교에 의해서 규정된 죄는 예수가 담당했으므로 요한공동체는 그 죄로부터 자유롭다는 것이다. '어린 양'과 '죄를 짓는 것'에 대한 자세한 정보를 위해서는 다음을 참조하라. Bruce J. Malina, "Some Observations on the Origin of Sin in Judaism and St. Paul", 18-34. Robert Kysar, *John, the Maverick Gospel*(Atlata:John Knox Press, 1965), 31.

255) Leon Morris, "The Atonement In John's Gospel", 51.

256) *Ibid.,* 51-52.

들이라고 생각하는 죄책감은 모세의 율법을 대치할 새로운 표준의 등장으로 인해서 제거될 수 있었다는 것이다. 즉 요한공동체가 유대교 내에 있었을 때는 모세의 율법이라는 표준이 자신들의 죄를 규정했고 그것이 축출 이후까지 영향을 미쳤지만 이제 모세의 율법을 대치하는 새로운 표준인 예수에 대한 믿음이 제시됨으로써 과거의 표준에 의해서 규정되었던 죄는 사라지게 된 것이다.

둘째, 요한공동체 구성원들의 자존감을 네거티브에서 포지티브로 끌어올리는 기능을 했을 것이다. 죄책감의 문제가 해결되었다는 것은 부정적인 자존감이 회복되었다는 것을 의미한다. 그러나 그 상태가 긍정적인 자존감을 가지고 있는 것이다. 요한의 예수가 예수를 믿지 않는 것이 죄라고 규정하는 것은 부정적 자존감을 회복시키는 기능을 할 뿐 아니라 긍정적인 자존감을 형성하는 기능을 한다. 왜냐하면 예수를 믿지 않는 것이 죄라면 예수를 믿는 것은 의로운 일이 되고, 예수를 믿지 않는 유대교의 구성원들이 오히려 죄인이 되고 요한공동체의 구성원들이 오히려 의인이 되기 때문이다. 요한의 예수가 예수 믿지 않는 것이 죄라고 규정함으로써 요한공동체는 자신들이 가지고 있던 죄책감의 문제를 해결할 뿐만 아니라 오히려 이제 유대교의 구성원들을 죄인으로 규정하고 자신들은 의인들의 공동체가 된 것이다.

8장 21-24절은 요한공동체가 오히려 의인들의 공동체이고 유대교가 죄인들의 공동체라는 점을 확정적으로 지지해 준다. 리더보스는 "나를 찾다가 너희 죄 가운데서 죽겠고 나의 가는 곳에는 너희가 오지 못하리라(8.21)"라는 이 구절을 통하여 요한기자가 예수가 가 버린 이후에는 이미 늦으므로 유대인들에게 결단할 것을 촉구하고 있다고 주장한다.

그 선언의 의도는 "그리고 너희 죄 가운데 네가 죽으리라"에 의해 명확해진다. 이 구절을 통하여 암시하는 바는 그가 떠났을 때는 너무 늦어서 그들이 그의 도움을 간청하거나 그에 의해서 구원받을 수 없다는 것이다. 그는 자신이 간다는 선언을 통하여 그들이 결단하도록 그들을 압박하고자 한다.[257]

그러나 리더보스의 이러한 견해는 요한공동체가 처한 출교라는 상황을 고려하지 못하고 있다. 요한공동체는 유대교에 의하여 강제적으로 출교당한 상황이다.[258] 출교라는 정황에서 요한공동체가 유대교의 구성원들을 적극적으로 공동체 내에 유입시키고자 하는 의도를 가지고 있었다고 설정하기 어렵다. 또한 요한의 예수가 자신과 적대적인 관계에 있었던 유대인들을 향하여 말하고 있다는 점은 리더보스의 견해를 더욱 약화시킨다. 9장에서 벌어진 눈먼 사람과 유대인들의 논쟁정황에서도 알 수 있듯이[259], 요한공동체는 자신들과 적대적 관계에 있던 유대인을 포용하고자 하는 의도가 없었다. 축출당한 요한공동체가 인식적 부조화를 극복하기 위하여 새로운 표준을 마련해야 할 상황에 처해 있다는 점을 고려하면, 요한의 예수가 "나를 찾다가 너희 죄 가운데서 죽겠고 나의 가는 곳에는 너희가 오지 못하리라(8.21)"고 언급한 것은 요한공동체와 유대교와의 단절과 분리를 선언한 것이라고 간주할 수 있

---

257) Herman Ridderbos, *The Gospel of John*, 299.

258) Bill Domeris, "Christology and Community: A Study of the Social Matrix of the Fourth Gospel", 51-54.

259) 9장 28절에서 유대인들은 "당신들도 그의 제자가 되려느냐"는 눈먼 사람의 비아냥거림에 대하여 "욕하며", "너는 그의 제자이나 우리는 모세의 제자라"고 언급하면서 명확한 분리를 선언하고 있는데, 이는 요한공동체와 유대교 감정적 대립을 반영해 주고 있다.

다. 즉 예수를 믿지 않는 유대교 공동체 다시 말하면 죄인들의 공동체는 의인들의 공동체인 요한공동체와 운명을 함께할 수 없고 결국 죄 가운데 죽을 것이라는 선언이다. 이러한 선언은 출교를 경험한 요한공동체에게 예수를 그리스도로 시인한(9.22) 자신들의 선택이 옳았다는 확신을 심어 주고, 자신들의 과거에 속해 있던 사회로부터 축출당함으로써 겪게 되는 불안감을 해소해 주는 역할을 했을 것이다.

요한복음서에서 유대인들의 죄 개념과 관련된 본문은 9.16; 9.24; 9.34 등이다. 9장 16절은 유대인들이 바리새인에게 눈멀었던 사람을 데리고 갔을 때, 바리새인들 사이에서 한 그룹은 "이 사람이 안식일을 지키지 아니하니 하나님께로부터 온 자가 아니라"고 주장하고 다른 그룹은 "죄인으로서 어떻게 이러한 표적을 행하겠느냐고" 주장하면서 예수를 죄인으로 규정하는 것에 대하여 서로 논쟁하는 내용이다. 9장 24절은 바리새인들이 눈멀었던 사람을 다시 불러 예수에 대하여 "우리는 그가 죄인인 줄 아노라"고 하면서 다시 예수를 죄인으로 규정하는 내용이다. 또한 9장 34절은 눈멀었던 사람이 바리새인들에 대하여 논쟁을 벌이자 "네가 온전히 죄 가운데 나서 우리를 가르치느냐"고 질책하는 내용이다.

먼저 9장 16절에서 예수를 죄인으로 규정하는 그룹[260]은 그가 안식일을 준수하지 않았다는 점을 근거로 내세운다. 한편, 다른 그룹은 예수가 만일 죄인이라면 표적을 행할 수 없었을 것이라는 점을 근거로 예수가 죄인이 아니라고 주장한다. 예수가 죄인인지를 규정하는 논쟁에서 예수를 죄인이라고 규정하는 그룹의 주장이 우세했던 것으로 보

---

260) 9.16a에서 안식일을 범하는 것이 죄라고 명시하지는 않지만 9.16b에서 '죄인'이라고 용어를 사용한 것은 16a에서 안식을 범하는 것이 죄라는 것을 전제하고 있다.

인다. 왜냐하면 9장 24절에서 바리새인들은 다시 눈먼 사람을 불러 예수가 죄인임을 선언하고 있는데, 이는 예수가 죄인이라는 주장이 그렇지 않다는 주장에 비해 더욱 강력했고 그것이 주류를 이루었다는 점을 반영해 주기 때문이다. 요한기자는 표적을 믿음과 연결시킴으로써[261] 표적을 비중 있게 취급하고 있는데, "죄인으로서 어떻게 이러한 표적을 행하겠느냐"고 주장하는 유대인 그룹은 요한기자의 이러한 견해와 유사성을 가지고 있으나 이 주장은 유대교 내에서 힘을 얻지 못했다. 이와 같이 유대교는 안식일 준수와 같은 율법의 내용을 범하는 것을 죄로 규정했다. 요한공동체는 이러한 유대교의 죄 개념을 수용하지 않았는데, 유대교가 규정하는 죄가 예수에게 적용되고 있다는 것이 이 점을 시사해 준다.

9장 34절에서는 눈멀었던 사람을 향해서 "네가 죄 가운데 나서"라고 질책하고 있다. 이 구절에 대하여 브로디는 다음과 같은 견해를 제시한다.

> 전통적인 주장에 근거해서, 그들은… 예수가 죄인이라고 결정했다. 그리고 지금 그들은 그들에 말하고 있는 그 남자에게 동일하게 어두운 지성을 적용했다.[262]

브로디는 전통적인 주장이 무엇인지를 구체적으로 언급하지 않고 있으나 그것은 아마도 모세의 율법일 것이다. 브로디의 애매한 주장은 계

---

261) C. K. Barret, *The Gospel according to John*, 75-78, 360. 요한기자는 표적을 믿음의 근거로 사용하고 있다. 요14.11을 참조하라.

262) Thomas L. Brodie, *The Gospel According to John-A Literary and Theological Commentary*, 352.

속되는데, 눈먼 사람에게도 예수에게 적용한 것과 같은 근거를 적용했다는 것이다. 그러나 예수에게 적용한 율법 항목이 무엇이고 눈먼 사람에게 적용한 항목이 무엇인지 분명히 밝히지 못한다. 또한 그것이 동일 항목을 적용했다는 것인지의 여부도 알 수 없다. 바레트는 34절에 대하여 보다 명쾌한 설명을 제시한다.

> 유대인들은 그 남자가 눈먼 것이 죄 때문이라고 믿는 것이 편리하다는 것을 알았다.[263]

바레트는 34절에서 바리새인들이 죄와 질병을 연결시키는 일반적인 전통을 그대로 수용하고 있다고 주장하고 있다. 9장 2절에서 제자들이 눈먼 사람의 질병과 죄의 상관관계에 대하여 질문하고 예수가 그 견해를 부정하고 있다는 점, 또한 요한의 예수와 바리새인들이 서로 대립 관계에 있다는 점을 고려하면, 브로디의 주장보다는 죄와 질병이 상관관계가 있다는 유대교의 전통적인 견해를 눈먼 사람에게 적용시키고 있다는 바레트의 주장이 더욱 구체적이고 정확해 보인다. 요한공동체는 이미 살펴본 5장 14절의 경우와 같이 죄와 질병의 상관관계를 부분적으로 인정하고 있다. 그러나 그것이 9장의 눈먼 사람 이야기의 경우처럼 유대인들의 요한공동체를 향한 공격의 수단으로 사용될 때, 요한공동체는 죄와 질병의 상관관계를 부정한다.[264]

---

263) C. K. Barret, *The Gospel according to John*, 364.

264) 9장 3절에서 요한의 예수가 눈먼 사람의 시각장애와 죄의 상관관계를 부인한 것은 34절에서 요한공동체를 대변하는 눈먼 사람이 유대인들로부터 죄와 질병의 상관관계의 항목으로 공격을 받았기 때문일 것으로 추정할 수 있다.

지금까지 살펴본 요한복음서에 나타난 죄에 관한 주요한 세 개의 범주 즉 요한의 예수가 부분적으로 혹은 비판적으로 사용하는 유대인들의 죄에 대한 견해, 요한기자가 제시하는 죄에 대한 견해이며, 유대인들이 특히 바리새인들이 바라보는 죄에 대한 견해 이외에 다른 하나의 범주가 존재한다. 그것은 로마세계가 규정하는 죄이다. 이 범주의 죄는 18.38; 19.4; 19.6 등에서 찾아볼 수 있는데, 모두 빌라도가 예수를 심판하는 장면에 속해 있다. 이 구절들에서 빌라도는 세 번 모두 반복적으로 "나는 그에게서 아무 죄로 찾지 못하였노라"고 언급하고 있다. 빌라도가 생각하는 죄는 로마가 설정한 죄의 범주일 것일 것이다. 로마세계의 법에 따르면 예수는 무죄하다는 것은 예수를 따르는 요한공동체도 로마세계의 법에 비추어 보았을 때 무죄하다는 점을 시사한다. 그러나 요한기자는 빌라도가 결국 예수를 유대인들에게 넘겨 주었다고 묘사함으로써(19.6), 요한공동체가 로마법으로부터 자유롭지만 로마의 권력은 유대교의 그것과 별다르지 않다는 점을 보여 준다.[265] 즉 요한

---

265) 쾨스텐버거(Andreas J. Köstenberger)도 이 점에 주목한다. 그는 요한기자가 가야바와 빌라도 사이에 평행구절을 설정하고 있는 점을 관찰하면서 그들의 공통점을 지적한다.

"이들 둘은 그들이 아는 것 이상을 이야기한다. 가야바는 제대로 인식하지도 못한 채 예수의 대속적 속죄의 필요성에 대하여 논의하고(11.49-50; 18.14), 빌라도는 부지중에 예수를 진리로 인식한다(18.37). 가야바는 예수를 빌라도에게 넘겨 주었고(19.11), 빌라도는 예수를 십자가에 처형하도록 유대인들에게 넘겨 주었다. 요한기자는 이 두 인물들이 메시아와 유대인의 왕으로서의 예수를 거절하는데, 어울리지 않게 결합되어 있다는 점을 보여 준다."

Andreas J. Köstenberger, "'What is Truth?' Pilate's Question in its Johannine and Larger Biblical Context", *JETS* 48(2005): 58.

공동체는 유대교로부터도 분리되었고[266] 로마세계로부터도 분리된 고립된 공동체라는 점을 시사해 준다는 것이다.[267] 또한 요한기자는 예수의 죽음이 결국 유대인들로부터 기인했다는 점을 보여 줌으로써 유대교에 대한 요한공동체의 반감을 지속, 증폭시키고 있다.

상징적 상호작용 이론에 따르면, 인간은 상징을 통하여 의사소통을 한다. 인간이 사용하는 각각의 상징에는 인간이 생각하는 의미와 의도가 포함되어 있다.[268] 말리나와 로르바우의 정의에 따르면 죄는 인간관계의 파손을 의미한다.[269] 결국 죄라는 것은 인간들 사이의 정해표준을 위반하고 마땅히 해야 할 일을 수행하지 않음으로써 발생하는 인간관계의 파손을 상징하는 것이다. 유대교에서는 모세의 율법이라는 표준을 불이행하면 죄가 된다. 요한의 예수가 안식일을 범하는 것 등에

---

266) David K. Rensberger, "The Gospel of John and Liberation", 167-68.

267) *Ibid.*, 167.

268) Max Weber, *The Theory of Social and Economic Organization*, trans. and ed. A. M. Henderson and Talcott Parsons, 88.

269) Bruce J. Malina and Richard L. Rohrbaugh, *Social Science Commentary on the Gospel of John,* 174-75. 말리나와 로어바우는 인간관계의 파손을 죄로 규정하면서 그 정도를 3단계로 구분하고 있다. 첫 번째 수준은 회복이 불가능할 정도로 다른 사람을 철저하게 불명예스럽게 하는 것이다. 이 범주에는 살인, 간음, 납치, 거짓증언, 반드시 필요한 상품이나 사람을 도둑질하는 것, 어떤 사람의 사회적 지위를 유지하는 데 필요한 모든 것 중의 한 가지를 박탈함으로써 그 사람의 사회적 지위를 강등시키는 것 등이 포함된다. 두 번째 수준은 명예를 박탈하는 것인데, 다른 사람을 나의 자녀와 결혼하지 못하게 하거나 다른 사람의 삶에 필요하지 않은 어떤 것을 훔치는 것 등이 있다. 이런 경우 결혼을 다시 허락하거나 훔친 것을 되돌려 줌으로써 명예의 회복이 가능하다. 세 번째 수준은 가장 낮은 수준의 것으로서 일반적으로 사회적 대응이 필요한 것을 우연히 유보하는 것을 의미한다. 그 예로는 부주의로 주어야 될 선물을 주지 못하거나 인사해야 할 높은 지위의 사람들을 인사하지 못하는 경우 등을 들 수 있다.

서 알 수 있듯이, 모세의 율법을 기준으로 하면 요한공동체는 죄인들의 공동체이다. 유대인들의 입장에서 예수가 하나님으로부터 온 자였다면 모세의 율법을 범하지 않아야 했지만 예수는 그 율법을 범했으므로 죄인으로 규정되었고, 예수를 그리스도로 시인하는 요한공동체도 또한 죄인들이 된 것이다. 유대교가 설정한 죄의 상징에 따르면 요한공동체는 죄인들의 공동체이다. 이런 이유로 유대교는 요한공동체의 구성원들을 출교시키고 인간관계를 단절한 것이다.[270]

요한공동체는 죄인들의 공동체라는 오명을 극복해야만 했다. 그런데 유대교가 설정한 죄라는 상징을 사용하면 그들은 여전히 죄인들의 공동체가 된다. 따라서 요한공동체는 예수를 믿지 않는 것이 죄라고 규정한다(16.9). 죄를 새롭게 규정함으로써 죄에 대한 독자적인 상징을 확보한 것이다. 요한공동체가 설정한 죄에 대한 상징에 따르면 이제 오히려 예수를 그리스도로 시인하지 않는 유대교가 죄인들의 공동체가 된다. 유대교는 죄라는 항목으로 요한공동체를 공격했지만 요한공동체는 독자적인 죄의 상징을 설정함으로써 이에 효과적으로 대응하고 있는 것이다.

---

270) David K. Rensberger, "The Gospel of John and Liberation", 166.

2. 죄와 심판

요한복음서에는 명사 κρίσις가 11번, 동사 κρίνειν이 19번 등장하는데, 두 단어 모두 다른 어떤 신약성서에서보다도 요한복음에서 가장 많이 사용되었다.[271] 요한기자는 죄에 관하여 비중 있게 취급하는 한편 죄에 대한 심판[272]에 대하여도 무게 실어 언급하고 있다. 요한기자가 죄에 대하여뿐만 아니라 심판에 대하여도 관심을 가지고 집중적으로 다루고 있는 것은 요한공동체가 처한 출교의 상황을 고려할 때 자신들을 출교한 유대교를 향한 역공격을 위한 하나의 방편이었을 것으로 추정해 볼 수 있다. 또한 요한복음서에서 죄가 17번 사용되고 있는데 비해 죄에 대한 심판은 명사와 동사를 합해 모두 30번 사용되고 있는데, 이는 요한공동체가 자신들이 당한 출교의 상황을 극복하기 위해 유대교를 오히려 죄인들의 공동체로 규정하는 소극적인 대응보다 유대교에 대한 심판을 선언하는 적극적인 대응에 더 큰 비중을 두고 있을 시사한다.

요한기자는 심판의 권한을 가진 자를 예수로 설정한다(5.22,27). 요한공동체는 유대교로부터 출교를 당하면서 유대인들로부터 심판을 받았다. 그러나 요한기자는 심판자가 예수라고 주장한다. 이는 유대인들로부터 받은 출교라는 심판의 무효성을 시사하기 위한 것이라고 간주할 수 있다. 또한 요한기자는 예수의 심판 권한은 아버지께로부터 위임

---

271) Leon Morris, "The Atonement In John's Gospel", 52.

272) John Painter, *The Quest for the Messiah-The History, Literature and Theology of the Johannine Community*, 397.

된 것이라는 점을 명시한다(5.22). 유대사상에서, 사람에게 부과된 심판은 하나님의 위엄을 나타내는 최고의 행위 중 하나라는 점을 고려하면[273], 요한기자가 심판의 권한이 하나님으로부터 예수에게로 이양되었다고 제시하는 것은 하나님의 위엄이 예수에게 이양되었고 예수에게로 이양되었다는 점을 시사하면서 유대교에 의해서 행해진 요한공동체에 대한 심판이 무효하다는 점을 강조하기 위한 것으로 보인다.

요한기자가 예수를 심판자로 설정한 것은 에머슨이 제시한 권력과 의존도의 관계 공식에 대입하면 보다 쉽게 이해할 수 있다. 에머슨은 권력과 의존도의 관계를 공식화했는데, 그에 따르면 어떤 개인 A가 B에 대해서 갖는 권력 P_{ab}는 B가 A에 대해 의존하는 정도 D_{ba}와 동일하다고 주장한다.[274]

$$P_{ab} = D_{ba}$$

다시 말하면, A의 권력이 클수록 상호교환에서 A가 얻을 수 있는 이익은 확대되고, B의 A에 대한 의존도는 대안이 있는지의 여부에 의해 결정된다. 즉 B가 A로부터만 공급받아야 한다면 B의 A에 대한 의존도는 높아지는 동시에 A의 B에 대한 권력은 커지고, B가 대안을 가지고 있을 경우 B는 A에 대한 의존도를 낮출 수 있고 A의 B에 대한 권력도 작아지게 된다는 것이다.

---

[273] Rudolf Schnackenburg, *The Gospel According to St John Vol 2 Commentary on Chapters 5-12*, 107.

[274] Ruth A. Wallace and Alison Wolf, *Contemporary Sociological Theory-Expanding the Classical Tradition,* 319.

에머슨이 B의 A에 대한 의존도는 대안이 있는지의 여부에 의해서 결정된다고 주장한 것처럼, 요한공동체의 유대교에 대한 의존도 역시 대안의 유무에 의해서 결정된다고 볼 수 있다. 만일 유대교가 요한공동체와 세상에 대한 심판자라는 사상에 요한공동체가 의존하게 된다면 그들에 의해 심판받은 요한공동체는 죄인들의 공동체가 되고 만다. 요한공동체는 심판에 관한 사상에 있어서 다른 대안이 필요했을 것이다. 심판에 관한 다른 대안적 개념을 찾지 못하면 요한공동체는 유대인들이 이미 심판한 대로 죄인들의 공동체로 남아 있을 수밖에 없기 때문이다. 따라서 요한기자가 예수를 심판자로 설정한 것은 유대인들의 요한공동체에 대한 심판의 권한을 무력화하고 무효화하면서 독자적인 심판 개념을 확보하기 위한 것이라고 볼 수 있다. 유대교의 심판에 의하면 요한공동체는 죄인들이지만 예수가 심판자인 경우 요한공동체는 더 이상 죄인들이 아니다. 그들은 오히려 '하나님의 자녀들'이다(1.12). 이와 같이 요한기자는 심판이라는 항목에 있어서 예수를 심판자로 세우는 독자적인 개념을 설정함으로써 유대교에 대한 의존을 단절하고 그들의 의해서 판결된 내용을 무효화하고 있다.

  3장 18절과 5장 24절에서는 심판의 기준을 제시하고 있다. "저를 믿는 자는 심판을 받지 아니하는 것이요 믿지 아니하는 자는 하나님의 독생자의 이름을 믿지 아니하므로 벌써 심판을 받은 것이니라(3.18)." "내 말을 듣고 또 나 보내신 이를 믿는 자는 영생을 얻었고 심판에 이르지 아니하나니 사망에서 생명으로 옮겼느니라(5.24)." 요한기자는 심판의 여부가 믿음에 의해서 결정된다고 주장한다. 믿으면 심판을 받지 않을 뿐만 아니라(3.18), 영생과 생명을 얻는다는 것이다(5.24). 슈나켄부르크는 요한복음서의 '믿음'에 대하여 다음과 같이 주장한다.

요한복음 4장은 믿음을 예수의 계시에 대한 인간의 응답으로 취급한다… (믿음은) 하나님의 종말론적 사자(envoy)와 그의 구원 계시에 대한 근본적이고 포괄적인 결단과 태도로서 등장한다… 믿음은 종말론적 계시와 지속적으로 접촉하고 구원으로 이끌 수 있는, 인간의 응답으로 긍정적으로 제시된다.[275]

슈나켄부르크에 따르면 요한복음서에서 보여 주는 믿음의 핵심적인 개념은 예수의 계시에 대한 인간의 '응답', '결단', '태도' 등이다. 요한복음 4장에서 예수가 영생하는 물에 대하여 설명하자(4.14), 사마리아 여인이 "주여 그런 물을 내게 주사 목마르지도 않고도 여기 물 길으러 오지도 않게 하옵소서(4.15)"라고 적극적인 수용을 표시했다는 점과 "예수를 영접하는 것이 곧 믿는 것이다(1.12)"라는 요한의 설명[276] 등을 고려하면 슈나켄부르크가 제시한 요한복음서의 믿음에 대한 분석은 할 수용할 만하다. 믿음은 곧 예수에 긍정적인 반응을 가리킨다. 요한복음서가 제시하는 믿음이라는 심판의 기준이 예수에 대한 긍정적인 반응이라면 예수의 심판에 의해 부정적인 판결을 받게 되는 사람들은 결국 예수를 수용하지 않는 자들 곧 유대교에 속한 유대인들이다.

요한기자는 요한공동체의 출교에 관하여 9.22; 12.42; 16.2에서 세 번에 걸쳐 언급하는데 9장 22절에서는 출교의 이유를 명시적으로 제시한다. 그것은 "누구든지 예수를 그리스도로 시인하는 출교하기로 결의(9.22)"하였다는 것이다. 유대인들이 예수를 그리스도로 수용하는

---

275) Rudolf Schnackenburg, *The Gospel According to St John Vol 1 Introduction and Commentary on Chapters 1-4*, 558-89.

276) David J. MacLeod, "The Reaction of the World to the Word: John 1.10-13", *BS* 106(2003), 406.

자들을 심판하고 출교시켰지만, 믿음이라는 심판의 기준에 의하면 오히려 유대인들이 심판의 대상이요 출교의 대상으로 규정된다. 요한기자는 믿음이라는 새로운 심판의 기준을 제시함으로써 오히려 유대교를 심판의 대상이요 출교의 대상으로 규정하고 요한공동체를 심판을 받지 아니할 '하나님의 자녀(1.12)'공동체로 격상시키고 있는 것이다.

한편, 요한기자는 예수의 심판에 대해서 서로 모순인 견해를 제시한다. 즉 3장 17절과 12장 47절에서는 각 "하나님이 그 아들을 세상에 보내신 것은 세상을 심판하려 하심이 아니요(3.17)", "내가 온 것은 세상을 심판하려 함이 아니요(12.47)"라고 언급하면서 예수는 심판하러 온 것이 아니라고 제시한다. 그러나 9장 39절에서는 "내가 이 세상에 심판하러 왔으니(9.39)"라고 언급하면서 앞 구절들과 서로 모순을 이루고 있는 것이다. 이러한 모순 진술들에 대하여 모리스는 다음과 같이 설명한다.

> 이들 진술들 사이의 모순은 물론 아주 분명하다. 이 복음서 전체는 예수의 선교가 구원의 하나였다는 점을 명확하게 해 준다. 그는 사람들을 죄로부터 구원하고 죄인들을 하나님께 데리고 가기 위해서 왔고 이 점은 대체적으로 분명하다. 그러나 이것의 이면은 마음을 굳게 하고 하나님이 그 아들 안에서 하시는 것을 거절하는 사람은 심판이 예정되어 있다.[277]

또한 헨드릭슨(W. Hendriksen)은 다음과 같이 설명한다.

> 그가 세상에 오심은 두 개의 정반대의 효과가 있다. 어떤 이들은

---

277) Leon Morris, "The Atonement In John's Gospel", 52.

그를 기쁨으로 수용하고 보상을 받는다. 다른 이들은 그를 거절하고 벌을 받는다. 이 보상과 징계가 그와 접촉한 사람들에 대한 그의 심판이다. 그는 이 첨예하게 대립된 두 그룹에 대하여 내려진 권위 있는 판결을 선언하고 수행할 목적으로 왔다.[278]

모리스는 예수가 세상에 온 것의 표면적인 목적과 그것의 이면을 구분하여 설명한다. 즉 예수가 세상에 온 것은 죄로부터의 구원이 주요한 목적이지만 그것의 이면에는 심판이 예정되었다고 주장함으로써, 죄로부터의 구원을 더욱 강조하는 경향이 있다. 헨드릭슨은 모리스와는 조금 달리 처음부터 예수의 오심에는 두 개의 정반대의 효과가 있다고 제시하면서 보상과 징계의 이중목적을 각각 동가(同價)로 취급하고 있다. 그러나 이 두 학자들은 요한공동체가 처한 출교라는 상황을 고려하지 않음으로써 요한의 강조점을 잘못 읽어 내고 있다. 요한공동체는 출교라는 수치스럽고 모욕적인 처분을 유대교로부터 경험하였다. 호만스의 반항-승인 명제(The aggression-approval proposition) 중 첫 번째 명제는 출교를 당한 요한공동체가 유대교에 대해서 어떤 태도를 취했을 것인지를 추정할 수 있도록 해 준다.

> 어떤 사람의 행동이 그가 기대한 보상을 받지 못할 때 혹은 그가 기대하지 않았던 벌을 받게 될 때, 그는 더욱 공격적인 행동을 할 것이다. 그리고 그런 행동의 결과는 그에게 더욱 가치 있는 것이 될 것이다(당황-공격 가정 the frustration-aggression hypothesis).[279]

---

278) W. Hendriksen, *New Testament Commentary: Exposition of the Gospel according to John Vol. 2*, 94.

279) Geroge C. Homans, *Social Behaviour: Its Elementary Forms*, 16-50.

요한공동체가 출교라는 처분을 유대교로부터 받았다면, 이 부정적 처분은 요한공동체의 유대교에 대한 공격적 성향을 강화했을 것이다. 유대교 사회로부터의 분리는 인간관계의 훼손 혹은 단절을 의미했으므로, 요한공동체가 유대교에 품었던 적대감은 작지 않았을 것이다. 실제로 요한의 예수가 3장 17절과 12장 47절에서 각각 심판하러 세상에 온 것이 아니라고 언급하고 있지만, 예수가 심판을 하러 왔다고 직접적으로 언급한 9장 39절을 포함해서 다른 구절들에서는 심판을 하는 것에 대하여 더욱 강하게 언급하고 있다.[280] 즉 요한기자의 관심은 심판을 행하지 않는 것보다 심판을 하는 것에 더욱 관심이 있다고 간주할 수 있다.

특히 9장 31-34절 사이에 눈멀었던 사람과 바리새인들 사이에 죄에 관한 논쟁이 벌어진 이후, 요한의 예수가 39절에서 심판에 대하여 언급하는 장면은 요한공동체가 처한 상황과 요한기자가 유대교에 대해 심판을 가하고자 적극적인 의지를 가지고 있음을 잘 보여 준다. 바리새인들은 24절에서 예수를 죄인으로 규정하고, 눈멀었던 사람도 그 점을 인정하도록 강요한다.[281] 그러나 눈멀었던 사람은 25절에서 "그가 죄인인지 알지 못하나(25절)"라고 말하면서 바리새인들의 강요에 수긍하지 않고 이를 비껴간다. 31절에서는 더 나아가 "하나님이 죄인의 말

---

280) 심판을 하는 것에 관련된 구절들은 다음과 같다. 3.18b; 5.27; 5.30; 9.39; 12.31; 12.48; 16.11 등. 3.18a; 5.24에서는 예수가 심판을 하지 않을 것이라고 언급하고 있는데, 그 대상을 믿는 자에게만 한정함으로써 역시 믿지 않는 자들에게는 심판이 있음을 시사하고 있다.

281) 24절의 "하나님께 영광을 돌리라"는 표현은 어떤 사람으로 하여금 수용하고, 순종하고 특별히 사실을 고백하도록 할 때 사용되는 공식이다. Rudolf Bultmann, *The Gospel of John: A Commentary*, 336.

을 듣지 아니하시고 경건하여 그의 뜻대로 하는 자의 말은 들으시는 줄 우리가 아나이다"라고 언급하면서 예수가 죄인임을 부정하고 오히려 경건한 자로 규정한다. 이에 대하여 바리새인들은 다시 눈멀었던 사람을 "죄 가운데서 나서 우리를 가르치느냐"고 질책한 후 쫓아내 버린다(31절). 죄 규정의 화살이 31절에서 눈멀었던 사람에게 돌려졌던 것은 눈멀었던 사람이 지적한 사항이 이미 바리새인들이 알고 있는 정확한 내용이어서[282] 반박할 말이 없었기 때문에 오히려 자신들을 가르치려고 한다고 면박을 주면서 화제를 돌리고 눈멀었던 사람을 배척했던 것으로 추정해 볼 수 있다.

눈멀었던 사람과 바리새인들 사이의 죄 논쟁에서 일차적인 화제는 예수가 죄인인지 여부였다. 바리새인들의 입장은 예수가 죄인이라는 것이고, 요한공동체를 대변하는 눈멀었던 사람은 처음에는 예수가 죄인인지 알 수 없다고 말한 후 다시 예수가 죄인이 아니며 예수를 '경건한 자'라고 주장한다. 그러자 바리새인들은 화제를 돌려 눈멀었던 사람을 죄인으로 규정하고 쫓아내 버린다. 눈멀었던 사람과 바리새인들 사이에 벌어졌던 죄 논쟁의 내용은 마치 요한공동체와 유대인들 사이의 죄에 관한 논쟁의 역사를 요약해 놓은 듯하다. 눈멀었던 사람과 바리새인들이 처음에는 이견을 보였지만 바리새인들이 그를 배척하지는 않았다. 마찬가지로 요한공동체는 동료 유대인들과 이견을 가지고 있었지만 여전히 유대교의 한 구성원이었다. 그러나 바리새인들이 눈멀었던 사람과의 죄 논쟁에서 입지가 약화되자 이를 모면하기 위해서 눈멀었

---

282) Rudolf Bultmann, *The Gospel of John: A Commentary*, 337. 불트만은 유대인들이 눈멀었던 사람이 지적한 내용을 사1.15; 시66.16이 하109.7; 잠15.29를 통하여 이미 알고 있었을 것이라고 주장한다.

던 사람을 쫓아냈던 것처럼, 유대교도 요한공동체와의 예수의 죄성(罪性)에 대한 논쟁에서 설득력을 잃자 요한공동체의 구성원들을 유대교 밖으로 출교시켰을 가능성을 고려해 볼 수 있다.

요한공동체와 유대인들 사이에서 예수의 죄성에 대한 논쟁이 있었고 이것을 이유로 요한공동체가 유대교로부터 오히려 죄인으로 규정되고 심판을 받았으며 출교당했다면(34절), 요한공동체는 그 상황을 효과적으로 제어해야 했을 것이다. 이런 상황을 제어하기 위하여 요한의 예수는 39절에서 다음과 같이 언급한다.

> 내가 심판하러 이 세상에 왔으니 보지 못하는 자들은 보게 하고 보는 자들은 소경되게 하려 함이라(9.39).

39절에서 "보지 못하는 자들"과 "보는 자들"이 대조를 이룬다. 40절에서 바리새인들이 "우리도 맹인인가"라고 언급하면서 비아냥거리자 41절에서 요한의 예수는 "너희가 맹인이 되었더라면 죄가 없으려니와 본다고 하니 너희 죄가 그대로 있느니라"고 언급한 점을 고려하면, "보는 자들"은 바리새인들을 가리킨다. 또한 "보지 못하는 자"는 눈멀었던 사람 즉 요한공동체를 가리킨다고 볼 수 있다. 요한의 예수는 스스로 보는 자들이라고 생각하는 유대인들을 향해서 죄인이라고 규정하고 눈먼 사람이 될 것이라고 심판을 선언한다. 39절에서 언급된 심판의 내용이 보지 못하는 자들과 보는 자들 즉 요한공동체와 유대교 둘 다를 향하고 있는 것 같지만, 그 무게중심은 보는 자들 유대교에 대한 심판에 가 있다. 왜냐하면 39절에 뒤를 잇는 40절과 41절이 모두 바리새인들에 대한 심판에 관련된 내용들이기 때문이다. 9장의 죄 논쟁의 내용에서 보이는 바와 같이, 모리스나 헨드릭슨의 견해와는 달리, 요한기자는 심판을 행하지 않는 것보다는 심판을 유대교를 향하여 심판을 행하는 것에 더욱 비중을 두고 있다. 요한의 예수는 보는 자들은 눈먼 자들이 될 것이라고 심판을 언급하면서 요한공동체가 축출을 당하면서 유대인들에 의해서 겪었던 어둠을 이제는 유대인들이 겪게 될 것이라고 선언한다.

그렇다면 왜 요한기자는 3장 17절과 12장 47에서는 심판을 하지 않을 것에 대하여 언급하고 있는가? 이는 본문의 정황과 전후 문맥을 고려함으로써 해결될 수 있다. 먼저 3장 17절은 자신을 찾아온 니고데모에 대한 예수의 가르침에 포함되어 있다. 니고데모는 예수에 대해 긍정적 관심을 가지고 찾아온 유대인이다. 눈멀었던 사람을 출교시켰던 바리새인들과는 달리 그는 예수에 대해서 긍정적이었다. 따라서 요한기자는 자신들을 출교시켰던 유대인들에 대해서는 적대감을 가지고 있었지만 우호적인 유대인들에 대해서는 개방적이었다는 전망에서 보면, 우호적인 유대인들은 심판의 대상이 아니라 오히려 수용의 대상이 된다. 예수에 대해서 우호적이었던 니고데모에 대해서 요한의 예수가 다시 태어남에 대하여(3.1-15), 영생에 대하여(3.16-21) 자세히 설명한 것은 이 점을 뒷받침한다. 따라서 3장 17절은 대상이 요한공동체에 우호적인 유대인들이었기 때문에 이들을 수용하기 위하여 심판을 하지 않을 것을 강조하고 있는 것이다.

한편 12장 47절은 해당 구절만 고려하면 심판하지 않을 것을 말하는 것처럼 보이지만 48절 이하를 포함한 문맥은 오히려 심판에 대하여 강조하고 있다. 즉 47절에서 요한의 예수는 "사람이 내 말을 듣고 지키지 아니할지라도 내가 그를 심판하지 아니하노라 내가 온 것은 세상을 심판하려 함이 아니요 세상을 구원하려 함이로라(12.47)"고 언급하지만 이에 이어지는 48절에서는 "내가 한 그 말이 마지막 날에 그를 심판하리라(12.48)"고 결국 심판을 강조한다.[283] 이와 같이 비록 3장 17절, 12장 47절에서 예수가 심판을 행하지 않을 것이라고 언급하고 있다 할지라도, 요한기자의 주요한 관심은 자신들을 출교한 유대인들에 대하여 그들을 죄인들로 규정하고 심판을 행하는 데에 있다.

한편, 12장 31절과 16장 11절에서는 세상 임금에 대한 심판에 대해 언급한다. 매로우는 세상 임금이 사탄을 가리킨다고 주장한다.

> 믿기를 거절하는 것이 심판이다. 이것은 우리의 결심 그리고 홀로 우리 자신의 결심이다. "세상의 지배자"인 사탄도 변명의 소재로 사용될 수 없다. 우리는 더 이상 이브와 함께 "뱀이 나를 속여서 먹게 된 거야(창3.13)"라고 이야기할 수 없다.[284]

모리스도 세상 임금이 사탄을 가리킨다고 주장한다.

> 예수는 세상에 대한 심판에 관하여 뿐만 아니라 이 세상의 지배자를 내치는 것에 대하여도 이야기하고 있다. 이 표현은 사탄을 언급하는 방식인데, 14.30; 16.11에서도 다시 볼 수 있다.[285]

---

283) "말이 심판한다"는 것은 심판이 율법을 따라 이루어질 것이라는 유대 사상을 표현한 말로서, 바룩 2서 48장 47절, 에스라 4t 13장 38절, 지혜서 9장 4절 등에서 유사 용례를 찾아볼 수 있다. 마가복음 8장 38절에도 "나와 내 말을 부끄러워하면 인자도 거룩한 천사들과 함께 올 때에 그 사람을 부끄러워하리라"는 유사 용례를 찾아볼 수 있는데, 바레트는 요한복음 12장 48절의 표현이 예수의 말씀을 새로운 율법으로 규정하는 전승을 요한기자가 수용한 것이라고 주장한다. C. K. Barret, *The Gospel according to St John*, 434.

284) Stanley B. Marrow, *The Gospel of John: A Reading*, 211-2.

285) Leon Morris, *Expository Reflections on the Gospel of John*, 453.

매로우나 모리스와 같이 세상 임금을 사탄으로 보는 견해는 동시대 문학들의 용례를 고려한 해석일 것이다.[286] 그러나 요한기자가 18.38; 19.4; 19.6 등에서 로마의 관료가 예수의 무죄를 인정하면서도 결국 예수를 유대인들의 손에 다시 넘겨 주어 처형을 방관했다고(19.6) 묘사했다는 점은 로마의 관료들도 요한의 예수에 의해서 내려지는 심판으로부터 자유로울 수 없다는 점을 시사한다. 다시 말하면, 세상 임금에 대한 심판이 동시대 문학에서 세상 임금을 사탄으로 규정하는 용례를 따라 사탄에 대한 심판을 의미할 수도 있지만, 요한공동체가 유대교로부터 배척을 받고 로마의 지배세력은 그것을 묵인했다는 점을 고려하면 세상 임금은 오히려 로마의 권위자들을 의미하고, 세상 임금에 대한 심판은 로마의 권위자들에 대한 심판을 의미할 가능성이 더 크다. 요한기자는 유대교뿐만 아니라 로마의 권위자들에 대해서도 심판을 선언하고 있는 것이다.

호만스의 사회 일치성에 관한 설명은 요한공동체가 자신들을 직접적으로 출교시킨 유대교뿐만 아니라 로마권위자들에 대하여도 심판을 선언했는지를 이해하는 데 도움을 준다. 호만스는 사회의 일치성을 승인이라는 개념을 동원하여 설명하였는데, 그룹의 구성원들은 서로에게 사회적 승인을 공급한다는 것이다. 따라서 그들은 사회적 승인을 얻기 위해서 동료들이 승인하는 방식으로 행동하고 그들의 욕구에 부응해야 할 이유를 갖게 된다.[287] 로마의 권위자들은 예수가 무죄함에도 불구하

---

286) 바레트도 "세상 임금"이 사탄을 가리킨다는 데 동의하고 있다. 동시대의 유사 용례에 관하여는 C. K. Barret, *The Gospel According to St. John*, 427-7.을 참조하라.

287) Ruth A. Wallace and Alison Wolf, *Contemporary Sociological Theory-Expanding the Classical Tradition,* 314-16.

고 그들을 유대인들에게 넘겨 주었다. 즉 로마의 권위자들은 요한공동체의 주장이 정당함에도 불구하고 유대교의 요한공동체에 대한 출교와 배척을 묵인한 것이다. 이는 로마의 권위자들이 요한공동체를 승인하지 않은 것이며, 요한공동체는 그들이 바라는 방식으로 행동해야 할 이유를 상실하게 된 것이다. 따라서 요한공동체는 유대사회도 로마사회도 그들을 인정하지 않았기 때문에, 로마의 권위자들을 심판하고 로마 사회에서 스스로를 일탈자들로 규정하고 고립된 공동체의 성격을 지향했을 가능성이 크다.

3. 죄 논쟁과 요한공동체의 정당성 규명

앞에서 살펴본 바와 같이 요한공동체는 유대인들과 예수의 죄에 대한 논쟁을 벌였다. 유대인들의 대체적인 주장은 예수가 죄인이라는 것이고 요한공동체의 주장은 예수가 죄인이 아니라 오히려 '경건한 자'라는 것이었다. 유대인들과 요한공동체 사이에 벌어진 죄에 대한 논쟁은 요한공동체가 유대교로부터 출교당하는 하나의 주요한 원인이 되었다(9.34). 이에 요한공동체는 독자적인 죄의 개념을 형성하였다. 요한공동체에게 있어서 죄는 예수를 믿지 않는 것이었다. 이 죄의 기준에 따르면 요한공동체는 이제 더 이상 죄인들의 공동체(9.34)가 아니라 하나님의 자녀(1.12)의 공동체가 되고 오히려 자신들을 죄인으로 규정한 유대인들이 죄인들이 되는 것이다.

1) 유대교와 요한공동체 사이에는 왜 죄에 대한 논쟁이 벌어졌는가? 2) 요한공동체는 왜 출교 이후 새로운 죄 개념을 정립하고 오히려 유대교와 로마의 권위자들을 심판하려 한 것인가? DBO 이론을 통하여 분석해 보면 그 이유가 더욱 명료하게 드러난다. 먼저 1) 유대교와 요한공동체 사이의 죄 논쟁에 대해 살펴보면, a. 유대교의 요한공동체에 대한 DBO의 측면과 b. 요한공동체의 유대교에 대한 DBO의 측면으로 분류해 볼 수 있다.

우선 a. 유대교의 요한공동체에 대한 죄 논쟁의 DBO를 분석해 보자. 유대인들의 주요한 생활규범은 율법에 근거하고 있다. 율법을 정확하게 준수하는 것은 그들의 신념(B)이다. 그런데 9장 14절에 따르면 예수가 진흙을 이겨서 눈먼 사람의 눈을 뜨게 한 것은 안식일이다. 유대인들의 입장에서 안식일에 진흙을 이기는 행위를 한 것은 노동으로 간주할 수 있고, 이것은 곧 안식일 규정을 위반한 것이다. 9장 16절에 따르면[288] 유대인들이 예수에 대해서 공격하는 항목도 역시 안식일 준수에 관한 것이다. 안식일을 지키지 않았으므로 예수는 죄인이라는 것이다. 즉 율법은 반드시 지켜져야 한다는 신념(B)이 유대인들로 요한공동체와 예수의 죄 논쟁을 시작하도록 했다고 간주할 수 있다.

한편, 9장 29절에서 바리새인들이 예수가 어디서 왔는지 모른다고 하자 눈멀었던 사람은 30절에서 "이상하다 이 사람이 내 눈을 뜨게 하였으되 당신들은 그가 어디서 왔는지 알지 못하는도다"라고 비아냥거린다. 33절에서는 예수가 하나님께로부터 왔다는 점을 명시적으로 언급하면서, 유대인들의 견해와 정면으로 대립한다. 이 점은 요한공동체의 유대인들을 향한 태도와 의견의 대립이 유대인들의 감정을 자극했을 가능성을 시사한다. 34절에서 바리새인들이 "네가 온전히 죄 가운데 나서 우리를 가르치느냐"라는 표현은 눈멀었던 사람에 의해서 유대인들의 자존심이 훼손되었고 그것에 대하여 분노하고 있음을 보여 준다. 따라서 요한공동체의 유대인들을 향한 태도 그리고 그들과의 의견의 충돌이 유대인들로 하여금 요한공동체의 구성원들을 제어하고자하는 열망(D)[289]을 불러일으켰을 것이고, 요한공동체를 제어하고자 하는

---

288) "바리새인 중에 혹은 말하되 이 사람이 안식일을 지키지 아니하니 하나님께 온 자가 아니라 하며 혹은 말하되 죄인으로서 어떻게 이러한 표적을 행하겠느냐 하여 피차 쟁론이 되었더니(9.16)"

289) 유대교가 요한공동체 구성원들에 대한 출교까지 결정하였다면, 요한공동체가 유대교의 율법에 위배되는 주장을 하는 것은 유대교 내에 적지 않은 파장을 일으켰던 것으로 추정해 볼 수 있다. 유대교 내에서 영향력이 미미한 그룹에 대하여 출교까지 결정할 가능성은 희박하기 때문이다. 따라서 요한공동체를 죄인들의 공동체로 규정하고 출교한 것은 내부적 결속을 강화하는 효과를 위한 것이라고 추정해 볼 수 있다. 또한 요한공동

열망(D)이 죄 논쟁을 심화시켰을 가능성을 상정해볼 수 있다. 유대교가 요한공동체와 죄 논쟁을 시작하고 심화시킨 원인을 그림으로 나타내면 다음과 같다.

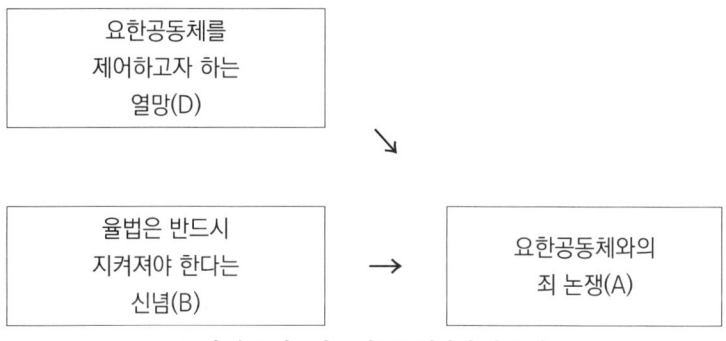

그림 9) 유대교의 요한공동체와의 죄 논쟁

b. 그렇다면 왜 요한공동체는 유대교와의 죄 논쟁을 시작했을까? 먼저, 요한공동체는 예수는 죄인이 아니라 경건한 자라는 신념(B)이 있었던 것으로 보인다(9.31). 요한기자는 예수를 사람들의 빛으로 묘사한다(1.4; 8.12; 9.5; 12.46). 또한 요한공동체에게 예수는 "아버지의 독생자의 영광이요 은혜와 진리가 충만한 자이다(1.14). 유대인들로부터 예수의 죄성에 관한 문제가 제기되었을 때, 유대인들의 그런 주장은 유대인들의 신념에 반하는 것이었다. 따라서 예수가 경건한 자라는 신념(B)은 유대인들에 의해 예수가 죄인이라는 주장이 제기되었을 때 예수를 변호하고자 하는 열망을 불러일으켰을 것이다(D). 요한공동체에게 예수는 빛이었기에 그 예수를 변호하지 않으면 요한공동체의 존재이유

체의 출교 이후에도 죄 논쟁을 벌인 것은 요한공동체의 이탈로 인한 영향을 최소화하고 내부결속을 지속적으로 강화하기 위해서일 것이다.

가 사라지기 때문이다. 예수를 변호하고자 하는 이러한 열망이 요한공동체를 유대교와의 죄 논쟁에 가담하게 했을 것이다.

또한 요한공동체가 아직 유대교 내에 있을 때 벌어진 죄 논쟁의 결과로 유대교로부터 출교를 당하게 된다(O). 1절과 2절에서 이미 언급한 바와 같이 유대교에 의해서 죄인으로 규정되고 출교라는 심판이 내려진 것이다. 유대교의 기준에 따르면 요한공동체는 죄인들의 공동체요 심판받은 공동체가 되어 버리고 마는 것이다. 따라서 요한공동체는 자신들이 죄인들의 공동체가 아닌 정당한 공동체임을 규명해야 할 필요가 있었을 것이다. 즉 요한공동체가 처한 출교의 정황(O)은 자신들이 정당한 공동체임을 변호하고자 하는 열망을 불러일으켰을 것이고(D), 이 열망이 출교 이후에도 유대교와 지속적으로 죄 논쟁을 벌이게 했을 것이다.[290]

요한공동체가 유대교와 죄 논쟁을 벌인 이유를 그림으로 나타내면 다음과 같다.

---

[290] 요한공동체와 유대교의 죄 논쟁은 요한공동체가 유대교 내부에 있었을 때 즉 출교 전에 시작되었지만 출교 이후에도 지속되었던 것으로 보인다. 9장 34절에서 요한기자는 바리새인들이 눈멀었던 사람과 죄 논쟁을 벌인 후에 그를 쫓아내는 장면을 제시하는데, 이는 죄 논쟁이 요한공동체 출교 이전에 시작되었고 그것이 요한공동체 출교의 한 원인으로 작용했음을 시사한다. 또한 출교 이후에 기록된 요한복음서에 죄 논쟁에 관한 언급이 있는 것은 아직 유대교와의 죄 논쟁이 해결되지 않았음을 암시한다.

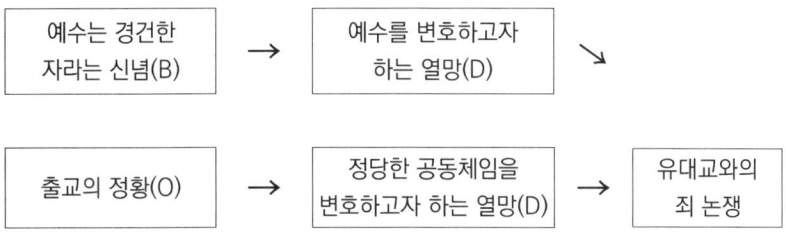
그림 10) 요한공동체의 유대교와의 죄 논쟁

2) a. 요한공동체는 왜 출교 이후 새로운 죄 개념을 정립하였는가? b. 요한공동체는 왜 유대교와 로마의 권위자들을 심판하려 한 것인가? 먼저 a. 요한공동체의 새로운 죄 개념 정립에 관해 DBO 이론을 통해 분석해 보자. 9.22; 12.42; 16.2에서는 출교에 대하여 언급하고 특히 9.34에서는 죄 논쟁이 출교의 한 이유로 작용했다는 점을 보여 주고 있는데, 이러한 출교의 정황(O)은 요한공동체가 정당한 공동체임을 변호하고자 하는 열망(D)을 일으켰을 것이다. 이 열망이 요한공동체의 새로운 죄 개념 정립에 일부 기여했을 것이다.[291] 이 점은 요한공동체아 유대교와의 죄 논쟁에 관여한 것과 동일한 원인이 된다. 동시에 유대교에는 모세의 율법이라는 명확한 표준이 있다는 점(O)이 요한공동체로 하여금 새로운 죄 개념 정립하는 데 기여했을 것이다. 유대교에서 보유하고 있는 모세의 율법이라는 강력한 표준에 따른다면 요한공동체는 죄인들의 공동체가 될 수밖에 없다. 따라서 요한공동체는 그 표준으

---

291) 유대교와 구분되는 독자적인 죄 개념을 설정한 것은 요한공동체도 더 이상 유대교 내에 속해 있기를 거부하고 독자적인 길을 가고자 했던 의지를 반영한다. 한 사회에 두 개의 표준이 존재한다면 그것은 공동체의 분열을 초래할 위험을 내포함으로 요한공동체가 만일 유대교에 속해 있고자 하는 의지가 있었다면 유대교의 율법이라는 표준을 지속적으로 승계했을 것이다. 그러나 새로운 죄 개념을 설정한 것은 새로운 표준을 설정함으로써 유대교와의 단절이라는 공동체 내의 합의를 도출한 결과로 볼 수 있다.

로부터 벗어나 새로운 표준을 마련하고 그것을 적용해야만 했을 것이다. 이를 표로 나타내면 다음과 같다.

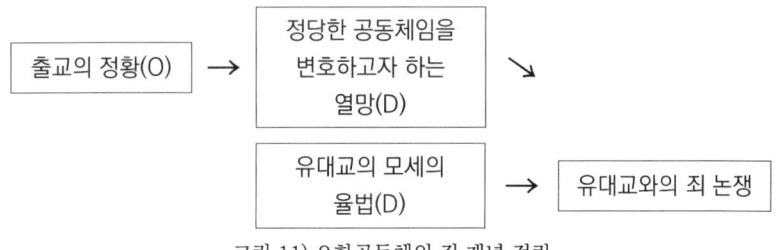

그림 11) 요한공동체의 죄 개념 정립

b. 요한공동체는 왜 유대교와 로마의 권위자들을 심판하려 한 것인가? 이 점에 관하여 2절에서 호만스의 반항-승인 명제(The aggression-approval proposition) 중 첫 번째 명제를 동원하여 설명했는데 이를 DBO 이론을 동원하여 분석하면, 죄 논쟁에 기인하여 출교(O)를 당한 요한공동체는 유대교와 로마의 권위자들에 대해서 반항하고 공격을 가하고자 하는 열망(D)이 발생했을 것이다. 요한공동체에게 유대교는 자신들을 직접 출교시킨 자들이고 로마의 권위자들은 이를 방관한 자들이다. 유대교와 로마의 권위자들에 대해서 공격을 가하고자 하는 열망(D)이 유대교와 로마의 권위자들에 대한 심판의 형태로 드러난 것으로 보인다.[292]

또한 심판을 당하고 동시에 출교를 당했다는 것(O)은 요한공동체가 유대교에 비해 약자 혹은 열등한 자라고 스스로를 인식하게 만들었을 것이다. 요한공동체가 독자적인 정체성을 가진 '하나님의 자녀(1.12)'

---

292) 물론 요한공동체의 공격의지는 로마의 권위자들보다는 유대교에 대하여 더욱 강력했을 것이다. 왜냐하면 유대교가 요한공동체를 직접 출교시킨 자들이기 때문이다.

의 공동체로 새롭게 시작하기 위해서는 열등한 자라는 자기 인식을 벗어 버리고 유대교에 대해서 우월한 자라는 자기 인식을 소유하고자 했을 것이다(D). 출교의 상황(O)에서 비롯된 부정적 자기 인식을 극복하고 긍정적 자기 인식을 소유하고자 했던 열망(D)이 유대교와 로마의 권위자들에 대해서 심판을 선언하게 했을 것이다. 이를 표로 나타내면 다음과 같다.

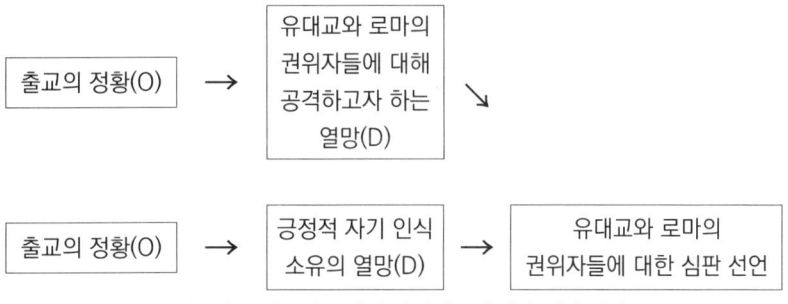

그림 12) 유대교와 로마의 권위자들에 대한 심판 선언

요한공동체가 유대교와의 죄 논쟁을 벌이고, 죄에 대한 개념을 새롭게 정립하고, 유대교와 로마의 권위자들에 대한 심판을 선언한 이유를 DBO 이론을 통하여 분석해 본 결과 공통적으로 자신들이 정당한 공동체임을 변호하려 하거나 긍정적인 자기 인식을 소유하려 하는 등 요한공동체의 주장이나 독립이 정당함을 확증하고자 하는 열망이 강하게 작용하였다. 블라우에 따르면 사회적 교환은 집단적 가치를 발달시킴으로써 사회적 통합을 증대시킨다.[293] 즉 요한공동체가 내부의 상호작용을 통하여 자신들이 죄인들이 아니고 정당한 공동체라는 가치를 발달시킨 것은 요한공동체의 통합을 증대시키는 역할을 했을 것이다. 요

---

293) Ruth A. Wallace and Alison Wolf, *Contemporary Sociological Theory-Expanding the Classical Tradition*, 329.

한공동체의 구성원들은 출교 이후 유대사회로부터 배척당하며 혼란스러웠을 것이다. 이런 상황에서 죄 논쟁이라는 일련의 과정을 통하여 죄를 새롭게 규정하고 유대사회와 로마의 권위자들을 향해서 심판을 선언함으로써 자신들이 정당한 공동체임을 표명하는 것은 내부의 혼란을 잠재우고 하나의 가치관 아래로 요한공동체를 통합하는 긍정적인 기능을 했을 것으로 추정해 볼 수 있다.

눈먼 사람 이야기와
요한공동체

제4장

제자직 논쟁과 요한공동체

　마틴은 예수의 제자와 모세의 제자가 대립적 개념이 아니라 비교 개념이라고 주장하고[294], 모세의 제자와 관련된 논의를 그리스도론과 연계하여 이끌어 간다. 즉 예수는 모세적 예언자이고(Mosaic Prophet), 또한 모세 예언자적 메시아(Mosaic Prophet-Messiah)라는 요한공동체의 주장에 관하여 유대교와 논쟁이 있었다는 것이다.[295] 그러나 9장 28절에서 요한기자는 "ἡμεῖς δὲ τοῦ Μωϋσέως ἐσμὲν μαθηταί"라고 언급하면서 δὲ라는 역접 접속사를 사용하고 있다는 점은 마틴의 주장과 달리 예수의 제자와 모세의 제자가 대립적 개념이라는 점을 명시해 주고 있다. 또한 ἐκείνου와 τοῦ Μωϋσέως가 각 제자들의 소속을 나타내고 있다는 점, 또한 요한공동체의 유대교로부터의 출교 정황 등을 고려하면 9장의 제자 관련 논쟁은 각 공동체의 소속 즉 각 공동체의 제자직과 관련된 논쟁으로 규정하는 것이 타당해 보인다. 따라서 본 장에서는 요한공동체와 유대교의 제자직과 관련된 논쟁이 있었다는 관점에서 논의를 진행할 것이다.

---

294) J. L. Martyn, *History and Theology in Fourth Gospel*, 39.

295) *Ibid.*, 115.

1. 요한복음서의 '제자'

　요한복음서의 제자는 크게 예수의 열두 제자, 열두 제자를 제외한 예수의 제자, 세례요한의 제자, 모세의 제자 등으로 구분되어 언급된다. 예수의 열두 제자는 예수와 늘 동행했던 자들로서 가장 빈번하게 등장하고, 그들 중에 베드로, 그의 사랑하시는 제자, 도마 등이 특징적으로 부각된다. 열두 제자 이외의 제자에는 아리마대 요셉, 눈먼 사람 등이 포함된다. 아리마대 요셉은 19장 38절에서 예수의 제자로 한 번 명시된다. 눈먼 사람은 예수의 제자(9.28)로 바리새인들은 모세의 제자(9.28)로서 둘 사이의 논쟁적 정황에서 언급된다.

　먼저 예수의 열두 제자들은 예수를 늘 수행하는 자들이었다. 그들은 예수와 함께 가나안 혼인 잔치에도 초청을 받았고(2.11), 예수가 세례를 주었던 때나(3.22) 오병이어의 기적을 일으킬 때에도(6.12) 예수와 늘 함께했다. 예수는 자신과 늘 함께 제자들에게 자신의 수난에 대해서도 고지하기도 한다(16.16). 요한기자는 제자들이 예수를 믿었다고 묘사한다. 예수의 제자들은 예수가 갈릴리에서 물을 포도주로 바꾸는 표적을 행하자 예수를 믿었다(2.11). 카손은 2장 11절을 20장 29절의 연관성에 주목하면서 새 시대의 믿음에 관하여 언급한다.

> 분명한 것은 이 첫 번째 기적이 2.30-31에 있는 이 책의 목적에 관한 요약적 진술과 연관되어 있다는 점이다. 두 곳에서 모두, 제자들은 보고 믿었다(2.11; 20.29). 이들 사건들을 볼 수 없으나 그럼에도 불구하고 아들의 영광을 보고 믿었기 때문에, 그 추종자들의 새로운 세대에 축복이 선언될 때가 올 것이다.[296]

---

296) D. A. Carson, *The Gospel According to John*, 175.

카손이 2장 11절과 20장 29절의 연관성에 주목한 것은 2장에서의 제자들과 20장에서의 도마가 모두 보이는 것에 의존해서 믿고 있다는 점에서 정당하다. 그러나 그는 요한공동체의 정황을 고려하고 있지 않기 때문에 자신이 언급한 '새로운 세대'가 무엇을 의미하는지, 그리고 요한기자가 왜 보지 않고 믿는 것을 보고 믿는 것보다 우월하게 취급하는지에 대한 구체적인 설명까지는 제시하지 못했다.

요한공동체가 현재 당하고 있는 출교의 정황에서 카손이 막연하게 '새로운 세대'로 언급한 그때는 아마도 요한공동체의 '현재'를 가리킬 것이다. 요한복음서에 기록된 예수의 제자들에 관한 이야기는 이미 과거에 대한 내용이고 요한복음서는 현재의 요한공동체를 위하여 기록되었기 때문에, 요한기자는 출교의 정황에 직면하고 있는 '새로운 세대'에 보고 믿는 것보다 보지 않고 믿는 유형의 믿음을 우월하게 평가하고 있는 것이다. 예수가 보여 준 표적은 이미 과거의 사건이다. 그리고 요한공동체가 처한 눈에 보이는 현실은 출교라는 수치와 고통이다. 이런 정황 속에서 요한기자는 눈에 보이는 것 즉 표적에 근거한 믿음보다는 눈에 보지 않고 믿는 믿음을 더욱 긍정적인 것으로 취급하고 있다.

요한공동체가 보지 않고 믿는 믿음을 바람직한 것으로 설정하고 있는 정황을 고려하면 요한복음서에서 예수의 열두 제자들의 믿음은 요한공동체의 믿음의 기준에 미달한다. 예수의 제자들은 보고 믿었기 때문이다. 또한 2장 22절에 따르면 예수의 제자들은 예수가 성전을 사흘 동안에 일으키리라는 말을 예수 사후에서야 비로소 기억하고 믿는 것으로 묘사한다. 이 점 역시 예수의 제자들의 믿음이 요한공동체가 설정한 기준에는 미달하고 있다는 점을 보여 준다. 2장 22절에 대해서 슈나켄부르크는 다음과 같이 언급한다.

그러므로 결국, 성전정화는 믿는 사람에게만 폭로된 그의 영광의 계시가 된다.[297]

그러나 슈나켄부르크는 적어도 22절과 관련해서는 인과관계를 잘못 설정하고 있다. 예수의 제자들은 믿었기 때문에 예수의 언급을 이해할 수 있었던 것이 아니라 "죽은 자 가운데서 살아나신 후에야(2.22)" 예수의 말씀을 기억하고 믿게 되었다. 즉 예수의 제자들은 여전히 현상적인 것에 의존한 믿음을 가지고 있었던 것이다. 또한 6장 19절에서 제자들은 예수가 밤에 물 위로 걸어오시는 것을 보고 두려워하는 것으로 묘사되고, 21장 4절에서는 제자들이 예수의 부활 이후 예수를 제대로 알아보지 못한 것으로 묘사된다. 이런 점들로 미루어 볼 때, 예수의 제자 그룹에 대한 요한기자의 평가는 긍정적이지 못하다. 예수의 제자들은 대체로 현상적인 것에 의존한 믿음을 소유했으므로 요한공동체가 요구하는 보지 않고 믿는 믿음이라는 표준에 미달했던 것이다.

요한기자는 예수의 제자들 중 베드로, 도마, 사랑하시는 제자 등 몇몇 인물들에 대해서는 특징적으로 부각시켜 서술한다. 베드로는 13장 6-11절에서 예수를 이해하지 못하는 자로 묘사된다. 예수가 베드로의 발을 씻기려는 행동을 하는 것에 대하여서 베드로는 "내 발을 절대로 씻지 못하리이다(13.8)"라고 언급하면서 이를 거절한다. 예수가 이에 대하여 베드로의 발을 씻지 않으면 나와 상관없는 자라고 답변하자 이제는 "내 발뿐 아니라 손과 머리도 씻어 주옵소서(13.9)"라고 말

---

[297] Rudolf Schnackenburg, *The Gospel According to St John: Vol. 1 Introduction and Commentary on Chapters 1-4*(New York: The Cross Road Publishing Company, 1982), 353.

하면서 다시 예수를 앞서 나간다. 8절과 9절에 묘사된 베드로는 두 경우 다 예수의 의중을 이해하지 못한 것이다.[298] 13장 37절에서 베드로는 예수가 자신이 가는 곳에 따라올 수 없다고 언급하자(36절) "내가 지금은 어찌하여 따라갈 수 없나이까 주를 위하여 내 목숨을 버리겠나이다"라고 장담한다. 그러나 베드로는 결국 세 번에 걸쳐 자신이 예수의 제자라는 점을 부인한다(18.17,25,27). 13장에서 언급된 베드로는 예수의 의중을 파악하지 못했고, 18장에서 언급된 베드로는 제자직을 부인했다. 이런 부정적 이미지를 가지고 있는 베드로에게 요한의 예수는 세 번에 걸쳐 "내 양을 먹이라"고 명령한다(21.15-17). 요한기자는 베드로의 부정적 이미지에도 불구하고 왜 예수가 베드로에게 양을 먹이라고 부탁하는 것으로 설정한 것인가? 이에 대해서 헨헨은 베드로가 용서받은 것 같다고 주장한다.

> 예수는 그에게 최고의 직무를 수여한다: "나의 양들을 먹이라." 베드로는 한때 예수를 부인한 것에 대해 용서를 받은 것 같다.[299]

헨헨은 베드로가 예수에 의해서 용서받은 것 같다고 주장하지만 요한기자가 왜 예수가 베드로를 용서한 것으로 묘사하고 있는지까지는 설명하지 않는다. 요한기자가 앞에서 베드로를 부정적으로 채색했음에도 불구하고 예수가 베드로에게 자신의 양을 먹이라는 직무를 맡긴 것으로 묘사하는 것은 당시 베드로의 영향력이 상당했음을 암시해 준다.

---

298) 바레트는 베드로가 예수가 자신의 발을 씻으려는 것을 거절한 이유가 사탄적인 자긍심 때문이라고 평가한다. C. K. Barret, *The Gospel According to St. John*, 441.

299) Ernst Haenchen, *John 2*, 225.

당시 크리스천 세계에서 베드로가 상당한 영향력을 갖고 있었다면 요한기자에게 있어서 베드로가 부정적인 인물이라고 할지라도 베드로의 영향력을 완전히 부정적으로 묘사하기는 어려웠을 것이다. 또한 요한기자가 21장 19절에서 "베드로가 어떠한 죽음으로 하나님께 영광을 돌릴 것을 가리키심이러라"고 언급한 점은 이미 요한복음서 기록 당시 베드로가 이미 순교를 당했고, 그 순교로 인해 베드로의 영향력이 커진 상황을 반영한다고 볼 수 있다. 그러나 요한의 예수는 다시 21장 22절에서 "내가 올 때까지 그를 머물게 하고자 할지라도 네게 무슨 상관이냐"고 언급함으로써 여전히 요한기자의 베드로에 대한 불편한 마음을 반영해 준다.[300]

요한기자는 도마 역시 부정적으로 묘사한다.[301] 11장 16절에서 예수가 죽은 나사로에게 가자고 제자들에게 청하자 도마는 "우리도 주와 함께 죽으러 가자"고 동료들에게 말한다. 이에 대하여 바레트는 도마가 요한복음서에서 제시하는 예수 죽음의 중요성을 파악하는 데 실패했다

---

[300] 베드로의, 사랑하시는 제자에 대한 비교 열등과 부정적 이미지에 관한 논의로는 다음을 참조하라. Arthur J. Droge, "The Status of Peter in the Fourth Gospel: A Note on John 18.10-11", *JBL* 109(1990): 307-11. G. F. Snyder, "John 13.16 and the Anti-Petrinism of the Johannine Tradition", *BR* 16(1971): 5-15. A. H. Maynard, "The Role of Peter in the Fourth Gospel", *NTS* 30(1984): 531-48.

[301] 하스틴(Stan Hastine)은 도마가 예수를 인식하는 장면이 나다나엘이 예수를 인식하는 장면과 유사하다고 제시하면서, 이들이 처음에는 예수에 대해 회의적이었으나 나중에는 확정적인 인식으로 대체된다고 주장한다. 그러나 그의 주장과는 달리 도마는 그 경우가 다르다. 나타나엘은 예수를 처음 만난 것이고 도마는 이전에 이미 예수를 경험한 경우이다. 또한 나다나엘에게는 예수가 "이보다 더 큰일을 볼 것(1.50)"이라고 긍정적인 발언을 하지만 도마에게는 "너는 나를 본고로 믿느냐"고 책망한다. 요한기자에게 있어서 도마는 부정적으로 묘사된다. Stan Hastine, "Un-Doubting Thomas: Recognition Scenes in Ancient World", *PRS*, 33(2006): 440-41.

고 주장한다.

> 도마의 언급은 9절 이하에서 예수에 의해서 주어진 답변을 무시하고 잘못 이해하고 있는, 8절을 돌아보게 한다. 그것이 예수라는 사람에게 용기와 헌신을 보여 준다고 할지라도 그의 제안은 요한복음서에서 제시하는 예수 죽음의 중요성을 이해하는 데 완전히 실패한 것 같다.[302]

우리도 주와 함께 죽으러 가자는 16절에서의 도마의 발언이 8절에 드러난 제자들의 유대인들에 대한 두려움에서 기인한다는 점을 지적한 바레트의 주장은 정당하다. 그러나 16절에서 언급된 도마의 발언이 예수에 대한 용기와 헌신을 보여 준다고 전제한 점은 본문의 분위기를 잘못 읽은 것처럼 보인다. 도마가 20장 25절에서 예수의 부활 이후에 "내가 그 손의 못 자국을 보며 내 손가락을 그 못 자국에 넣으며 내 손을 그 옆구리에 넣어 보지 않고는 믿지 아니하겠노라"고 선언하고 있다는 점을 고려하면, 8절에서 제자들이 유대인들에 대해서 보여 준 두려움을 극복한 적극적인 모습을 갖추지 않았다. 요한의 도마는 예수를 전적으로 신뢰하지 못하는 제자이다. 그래서 요한의 도마는 20장 25절에도 예수의 부활에 대한 확증을 위해서 세 가지 항목이나 제시한다. 즉, 11장 16절에서 도마가 "우리도 주와 함께 죽으러 가자"고 발언한 것은 예수의 죽음에 동참하러 가자는 용기와 헌신을 반영한 것이 아니라 오히려 예수가 나사로에게 가는 것을 마치 죽으러 가는 것으로 간주하는 부정적 견해를 표방한 것으로 볼 수 있다.

한편, 요한기자는 예수의 열두 제자들 중 사랑하시는 제자를 유일

---

302) C. K. Barrett, *The Gospel According to St. John*, 394.

하게 긍정적으로 묘사한다. 그는 예수의 품에 의지하여 누울 정도로 예수의 사랑을 받았던 제자이고(13.23), 예수가 십자가에 처형될 때에도 예수의 어머니 마리아와 함께 있었던 자이다(19.26). 콜린스(Raymond F. Collins)가 잘 관찰한 바와 같이, 사랑하시는 제자는 요한복음서 내에서 독자적으로 등장하지 않을 정도로 작은 역할을 감당하고 있다. 그에 대한 언급은 한두 절에 불과할 뿐이다.[303] 사랑하시는 제자에 대한 분량 비중이 적음에도 불구하고 요한기자는 그에게 큰 무게 비중을 할당한다. 특히 요한기자는 다음 몇 가지 항목에서 사랑하시는 제자의 분량 비중이 적음에도 불구하고 베드로와의 비교에서 그를 베드로보다 우위에 둔다. 첫째, 베드로는 자신이 예수의 제자임을 부인했으나(18.15-27), 사랑하시는 제자는 예수의 십자가 처형의 순간에 예수의 모친과 함께 예수의 곁에 있었고(19.26) 예수의 모친 마리아를 자신의 집에 모시기까지 한다(19.27). 둘째, 사랑하시는 제자와 베드로가 예수의 무덤에 달려갔으나 예수를 보지는 못하였는데, 그 후에 부활한 예수를 먼저 알아본 것은 사랑하시는 제자였다(21.7).[304] 셋째, 부활한 예수는 베드로가 사랑하시는 제자가 예수 뒤를 따르는 것을 보고(21.20) 이 사람은 어떻게 되겠냐고 예수에게 묻자(21.21), 예수는 베드로와는 상관없는 일이라고 언급하면서 베드로가 사랑하시는 제

---

303) Raymond F. Collins, "From Gospel to the Beloved Disciple: An Essay on Johannine Characters", *Interpretation* 49(1995), 367.

304) 서중석도 사랑하시는 제자의 베드로에 대한 비교 우위에 대해 언급한다. 서중석, 『복음서 해석』, 265-88. 이와 유사한 견해로는 슈나이더스의 논문을 참조하라. Sandra M. Schneiders, "The Rising of the New Temple: John 20.19-23 and Johannine Ecclesiololgy", *NTS*(2006): 339-40.

자와 자신 사이에 개입하는 것을 배제시킨다.

콜린스는 사랑하시는 제자와 베드로와의 관계에서 사랑하시는 제자의 베드로에 대한 우위성을 부분적으로 인정하면서도 사랑하시는 제자가 베드로의 등장을 돕는 자의 역할(entree)을 한다고 주장한다.

> 사랑하시는 제자는 베드로의 등장(entree)을 제공한다. 예를 들면, …13.23에서… 사랑하시는 제자는 베드로의 말을 예수에게 전한다(13.23-25). 그리고, 사랑하시는 제자는 베드로를 대제사장의 법정에 접근하도록 안내한다(18.15-18). 셋째, 사랑하시는 제자는 베드로와 함께 묘지에 달려간다, 그러나 베드로만 들어가도록 한다(20.2-20).[305]

콜린스의 이러한 주장은 마치 사랑하시는 제자가 베드로의 등장을 위한 안내자 혹은 보조적 수단으로 사용되었다고 간주하고 있다. 그러나 위에서 언급한 바와 같이 요한기자의 초점은 베드로가 아니라 사랑하시는 제자에게 맞추어져 있다. 사랑하시는 제자가 베드로의 등장을 돕는 역할을 한다는 것을 뒷받침하기 위해서 제시한 첫 번째 예인 13.23-25에서 콜린스의 주장대로 사랑하시는 제자가 베드로의 말을 예수에게 전하기는 하지만, 이것은 사랑하시는 제자가 베드로의 등장을 돕는 보조적 인물로 설정되었기보다는 예수와 친밀하게 의사소통을 하는 예수의 최측근으로 설정되었다고 보는 것이 더 적절하다. 요한기자는 23절에서는 "곧 그의 사랑하시는 자가 예수의 품에 의지하여 누웠는지라(13.23)"고 묘사하고, 25절에서도 "예수의 가슴에 그대로 의

---

[305] Raymond F. Collins, "From Gospel to the Beloved Disciple: An Essay on Johannine Characters", 367.

지하여(13.25)"라고 묘사함으로써 예수와 그 사랑하시는 제자의 친밀성을 지속적으로 강조하고 있다. 따라서 요한기자의 강조점은 베드로보다는 사랑하시는 제자에게 있다고 간주할 수 있다.

사랑하시는 제자가 베드로의 등장을 돕는 역할이라는 것을 뒷받침하기 위해서 제시한 두 번째 예인 15.15-18에서 언급된 콜린스는 '다른 제자 하나(15.15)'를 사랑하시는 제자로 간주하고 있으나, 이 두 인물을 동일시할 수 있는 어떤 논의도 제시하지 않고 있다.[306] 또한 비록 '다른 제자 하나'가 사랑하시는 제자를 가리킨다고 하더라도 결국 베드로는 예수를 부인하고 사랑하시는 제자는 예수의 처형 순간까지 함께 했으므로 이 구절 또한 사랑하시는 제자의 베드로에 대한 우월성 입증을 위한 도입 부분으로 간주할 수 있다.

콜린스가 제시한 세 번째 구절 또한 사랑하시는 제자가 베드로를 예수의 무덤까지 인도하고 있고 베드로만 무덤 안으로 들어간 것으로 묘사되고 있으나, 결국 무덤 안에 예수는 없었고 부활한 예수를 먼저 발견한 것은 베드로가 사랑하시는 제자라는 점을 고려하면, 이 구절 또한 사랑하시는 제자의 베드로에 대한 우월성 입증을 위한 것으로 볼 수 있다. 이와 같이 요한기자는 사랑하시는 제자가 베드로보다 우월하다는 입장을 지속적으로 견지하고 있다.[307]

---

306) 비록 전통적으로 '다른 제자 하나'가 사랑하시는 제자로 규정되고 있으나 이를 뒷받침할 수 있는 명확한 근거는 없다. 단지 사랑하시는 제자가 요한 사도 자신을 가리킨다는 전제에 근거해서 '다른 제자 하나'도 요한 사도를 가리킬 것이라는 주장이 있을 뿐이다. 콜린스가 이러한 전통적인 주장을 수용했다고 하더라도 그는 이에 대하여 자신의 논거를 밝혔어야 했다. '다른 제자 하나'에 관한 논의에 대해서는 D. A. Carson, *The Gospel According to John*, 581.을 참조하라.

307) 보컴(Richard Bauckham)은 사랑하시는 제자가 이상적인 제자의 모델이 아니라 가상의 저자(ideal author)라고 주장하기도 한다. 그러나 사랑하시는 제자가 가상의 저

요한기자는 왜 예수의 열두 제자들 중 베드로, 도마와 같은 인물들은 부정적으로 채색하고, 사랑하시는 제자와 같은 인물은 긍정적으로 채색하고 있는가? 호만스는 교환 이론가들과 선택 이론 전통에 서 있는 사회학자들에게 일반적으로 수용되는 다음과 같은 몇 가지 명제들을 제시한다.

1. 성공 명제(The success proposition). 인간에 의해서 취해진 모든 행동에 관하여 말하면, 어떤 특별한 행동이 보상을 더욱 자주 받을수록, 그 사람은 동일한 행동을 더욱 하고 싶어 한다.
2. 격려 명제(The stimulus proposition). 과거에 특별한 격려나 일련의 격려들이 발생한 것을 기초로 어떤 사람의 행동이 보상을 받았다면, 현재의 격려가 과거의 격려들과 더욱 유사할수록, 그 사람은 현재 그 행동 혹은 유사한 행동을 하고 싶을 것이다.
3. 가치 명제(The value proposition). 행동의 결과가 어떤 사람에게 더욱 귀중할수록, 그는 그 행동을 더욱 하고자 할 것이다.[308]

호만스는 이 세 가지 명제를 기초로 합리성 명제를 제시한다.

합리성 명제(Rationality proposition). 대안적 행동들을 선택함에 있어서 사람은 그 결과를 얻을 가능성에 의해서 증대된 결과의

자라고 할지라도 요한기자가 사랑하시는 제자를 이상적인 제자의 모델로 설정한 것을 부정할 필요는 없다. 오히려 보컴의 주장대로 사랑하시는 제자가 가상의 저자라는 것은 사랑하시는 제자를 이상적인 제자의 모델로 설정하고 긍정적으로 묘사했을 가능성을 높여 준다. Richard Bauckham, "The Beloved Disciple As Ideal Author", *JSNT* 49(1993), 21-44.

308) Geroge C. Homans, *Social Behaviour: Its Elementary Forms*, 16-50.

가치가 더욱 큰 것으로 인식될 때 그것을 선택할 것이다.[309]

호만스가 제시한 성공명제, 격려명제, 가치명제 등과 이를 기초로 한 합리성 명제에 의하면 인간은 자신의 행동을 선택함에 있어서 결과의 가치가 더욱 큰 것을 선택한다는 것이다. 이 명제들에 따르면, 요한기자가 요한공동체를 향하여 예수의 제자들 중 도마와 베드로 같은 제자들은 부정적으로 채색하고 사랑하시는 제자는 긍정적으로 채색한 것은, 사랑하시는 제자를 요한공동체의 행동 규범의 모범으로 제시하고 요한공동체가 이를 선택하도록 하는 장치로서의 기능을 할 수 있다. 사랑하시는 제자는 예수와 가장 가까운 관계를 유지하고 예수의 고난의 자리에 동참하며 부활한 예수를 먼저 알아보는 자였지만 베드로와 도마는 예수의 일을 이해하지 못하고 예수를 부인하는 부정적인 자로 요한공동체에게 제시되었을 때, 공동체의 구성원들은 요한기자에 의해서 강화되고 장려된 사랑하시는 제자를 그들의 모델로 삼았을 것이다. 특히 사랑하시는 제자가 예수의 고난의 현장에 동참하고 있다는 점은 출교라는 고통을 경험한 요한공동체에게 의미 있는 메시지가 되었을 것이다. 즉 현재 요한공동체가 당하고 있는 고난의 자리를 사랑하시는 제자처럼 지키고 나간다면, 사랑하시는 제자처럼 부활한 예수를 만나는 것과 같은 영광의 순간이 요한공동체에게 있다는 메시지가 되었을 것이다. 또한 베드로처럼 고난의 자리를 거부하면 베드로가 발견한 것은 빈 무덤뿐이고 부활한 예수조차 한눈에 알아보지 못하는 영광스럽지 못한 경험을 하게 되리라는 반대의 메시지이기도 하다.

예수의 열두 제자 이외에 요한복음서 내에서 예수의 제자로 명명된 인

---

309) *Ibid.*

물들은 아리마대 요셉과 눈먼 사람이 있다. 먼저 아리마대 요셉[310]은 사복음서에 모두 등장한다. 요셉에 대해서 카손은 다음과 같이 정리한다.

> 공관복음서는 그가 산헤드린의 구성원이었고(막15.43 이하), 부유했으며(마27.57) 하나님의 나라를 찾았다고(막15.43; 눅23.51)고 제시한다. 마태복음과(27.57)과 요한복음은 그를 예수의 제자로 언급한다: 요한복음은 유일하게 "그가 유대인들을 두려워했기 때문에 비밀스럽게"라고 덧붙인다. 보통 이 점은 요한의 시각에서 그를 비난하고 있으나, 요셉은 그가 지금 수행하고 있는 용기 있는 행동으로 그 자신을 무죄하다고 밝힌다.[311]

카손이 지적 한대로 요한기자가 아리마대 요셉이 유대인을 두려워하였다는 점을 명시한 것은 요한기자가 그를 부정적인 시각으로 바라보고 있었다는 점을 반영한다. 아리마대 요셉은 요한공동체와 같은 신앙은 가졌으나 출교를 두려워하여 여전히 유대교 내에 잔류해 있는 그룹을 지칭하고 있는 것으로 보인다. 요한기자는 이미 출교를 당하여 유대교 밖으로 나온 요한공동체와는 달리 출교를 두려워하여 여전히 유대교 내에 거하면서 요한공동체와 같이 하고자 하는 그룹을 비난하고 있는 것이다. 비록 그들이 공동체를 위하여 기여하고자 할지라도(예수의 시체를 수습한 일), 그것은 여전히 자신들의 죄책감을 경감시키기 위한 행동일 뿐 요한공동체가 그것을 용납할 수는 없다는 것이다.

헤치터는 그의 선택이론에서 "무임승차자들"에 관한 문제를 제기한

---

310) 레딧(Paul L. Redditt)은 그를 '비밀 제자'로 명명한다. Paul L. Redditt, "John 19.38-42", *Interpretation* 61(2007): 68.

311) D. A. Carson, *The Gospel According to John*, 628-629.

다. 그에 따르면 사회 내에 구성원으로 살아가면서 그 의무를 다하지 않는 사람들이 존재하는데 그들은 그룹의 결속에 큰 장애가 된다는 것이다. 선택이론은 이 문제를 해결하기 위하여 '선택적 특권'이라는 개념을 제시한다.[312] 선택적 특권은 오직 가입된 구성원들만이 수혜를 받는 것이다. 만일 연합의 구성원들이 분쟁에 휩싸이게 되면, 연합의 관리들이 그의 이익을 위해서 참여한다. 연합은 또한 법적인 조언과 대표성을 주기도 하고 다른 이익들을 제공한다.

또한 그에 따르면, 그룹의 결속력은 그룹의 생명력과도 연관이 되는데 결속력을 결정하는 것 중의 하나가 계급제도이다. 계급제도를 거부하는 공동체는 구성원들이 음식이나 삶의 터전에 대해서 그룹에 의지하지 않게 하고 특별한 의무도 강요하지 않는다. 이런 경우 그 공동체는 생명력이 짧다. 반대로 그룹의 행동을 매우 자세히 규제하고 이를 이탈하는 것에 대해 매우 비싼 값을 지불하게 하는 사회는 오랫동안 지속된다.[313]

헤치터의 이론에 따르면 아리마대 요셉이 상징하는 유대교내 잔류그룹은 일종의 "무임승차자들"이다. 요한공동체가 겪은 출교라는 대가를 지불하지 않으면서 요한공동체의 구성원으로서의 자격을 계속 유지하고 신앙 유형을 공유하려는 무임승차자들인 것이다. 이러한 무임승차자들을 용납하는 것은 그룹의 결속력을 저하시키는 결과를 초래하기

---

312) Ruth A. Wallace and Alison Wolf, *Contemporary Sociological Theory-Expanding the Classical Tradition*, 46.

313) Ruth A. Wallace and Alison Wolf, *Contemporary Sociological Theory-Expanding the Classical Tradition*, 342-43. Hechter, *Principles of Group Solidarity*, 57.

때문에 그들을 비난함으로써, 다시 말하면 요한공동체의 구성원이 되기 위한 결정적 자격인 유대교로부터의 이탈을 명확히 규정하고 유대교 잔류 그룹의 권리를 제한함으로써 공동체의 결속을 강화하고 있는 것이다.

아리마대 요셉과는 대조적으로 눈먼 사람은 요한공동체의 구성원이 되기 위한 대가를 지불한 이상적인 제자상(像)으로 제시된다. 눈멀었던 사람은 본래 유대교의 구성원이었다.[314] 그러나 예수를 만나고 눈을 뜨게 된 후에 그는 유대교의 견해와 대립한다. 예수가 죄인이라는 바리새인들의 규정에 대해서(9.24), 그는 예수가 죄인인지 알지 모르겠다고 대답을 피하면서 자신이 지금은 보게 되었다는 점을 강조한다(9.25). 또한 27절에서는 "당신들도 그의 제자가 되려 하나이까?"라고 비아냥거리면서 바리새인들과 정면으로 대립한다. 이런 대립의 정황에서 바리새인들은 눈멀었던 사람을 향하여 "너는 그의 제자이나 우리는 모세의 제자(9.28)"라고 명확히 선을 그어 언급함으로써 그를 배척하고 결국은 또 한 차례의 논쟁(9.29-34) 끝에 그를 출교시켜 버린다(9.34). 즉 눈멀었던 사람은 예수를 안 뒤 유대인들과의 대립과 출교라는 대가를 제대로 지불한 이상적인 또 하나의 제자로서 요한공동체를 상징하고 있다.

한편 바리새인들은 자신들을 모세의 제자라고 규정하고 있다(9.28). 바리새인들은 하나님이 모세들 통하여 그의 뜻을 계시한다는 사실을 알았다.[315] 이 하나님의 율법은 기록된 말씀뿐만 아니라 대대로 이어진

---

314) 9장 22절에서 그의 부모들이 출교를 두려워했다는 점은 그의 부모가 유대교의 구성원이었고 눈멀었던 사람 또한 유대교의 구성원이었다는 점을 보여 준다.

315) D. A. Carson, *The Gospel According to John*, 374.

거대한 구전 전승까지도 포함한다.[316] 바리새인들에게 있어서 예수는 안식일을 범하는 등(9.14) 모세의 율법을 위반한 자였기 때문에 그들은 예수를 배척하였고, 예수의 추종자들인 요한공동체 또한 배척하였다. 따라서 모세의 제자는 예수의 제자와 양립할 수 없는 관계에 있다. 모세의 제자들인 유대교는 예수의 제자들인 요한공동체를 출교시켰고, 요한공동체는 또한 3장에서 논의한 바와 같이 자신들의 독자적인 표준으로 유대교를 배척하였다.

예수의 참제자였던 눈멀었던 사람, 예수의 제자였으나 비난의 대상이 된 아리마대 요셉, 그리고 모세의 제자인 바리새인들의 관계를 표로 나타내면 다음과 같다.

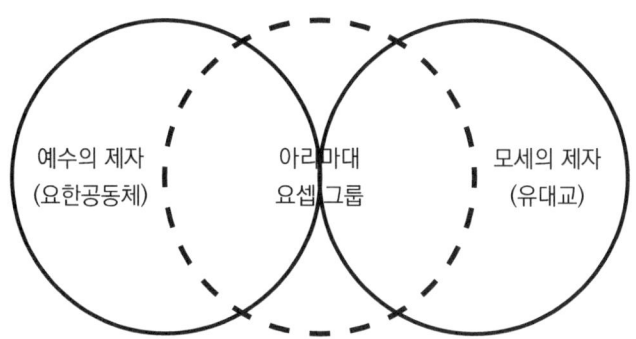

그림 13) 예수의 제자, 아리마대 요셉, 모세의 제자의 관계

예수의 제자들인 요한공동체는 모세의 제자들인 유대교와는 양립할 수 없고 서로 배척 관계에 있으며 그 중간에 서고자 했던 유대교 잔류 그룹인 아리마대 요셉 그룹[317]을 요한공동체는 공동체의 결속을 위하여

---

316) *Ibid.*

317) 아리마대 요셉과 같이 요한공동체와 유대교 사이에서 갈등하는 다른 하나의 인물은 니

배척하고 역시 비난하고 "무임승차"를 거부하고 있다. 아리마대 요셉이 상징하는 유대교 내 잔류 그룹은 유대교로부터의 출교가 두려워 유대교 내에 잔류하고자 하나 요한공동체에도 속하고자 하는 중간적 위치를 고수하고자 한다. 그러나 요한기자는 예수의 제자만 긍정적으로 용납할 뿐 아리마대 요셉 그룹이나 모세의 제자는 용납하지 않는다.

고데모이다. 마틴은 일반적 구성원들(rank-and-file members), 얌니아 공회원들, 그리고 비밀 신자들을 구분하고 니고데모가 비밀신자를 대표한다고 주장한다. 그러나 그는 니고데모와 유사하지만 요한공동체에 한층 더 가까웠던 아리마대 요셉 그룹을 발견하지는 못했다. J. L. Martyn, History and Theology in Fourth Gospel, 111-18. 브라운도 요한복음서 해석에 있어서 7그룹을 설정하고 있지만 니고데모 그룹이나 아리마대 요셉 그룹을 언급하고 있지는 않다. R. E. Brown, *The Community of the Beloved Disciple*, 62-91.

요한기자는 아리마대 요셉과는 달리 니고데모에게 제자라는 명칭을 부여하지는 않는다. 니고데모는 예수에 대해 관심은 있으나 그를 온전히 이해하지는 못하는 것으로 묘사된다. 이는 니고데모 그룹이 예수에게 관심은 있으나 요한공동체로 전향할 가능성이 희박하고, 아직 예수를 그리스도로 시인하지 못하고 요한공동체에 가입하지 않는 채 여전히 유대교에 남아 있기 때문일 것이다. 이를 그림으로 나타내면 다음과 같다.

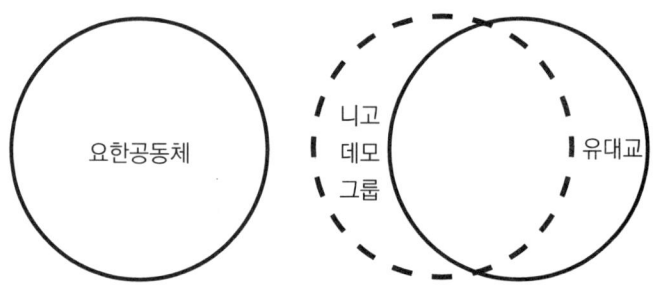

그림 14) 요한공동체, 니고데모 그룹, 유대교의 관계

렌스버거(David Resnberger)는 니고데모 그룹이 요한공동체 주변을 맴도는 그룹이라고 설정하고 눈먼 사람을 요한공동체로 설정한 후 양자를 비교한다. 이에 대한 자세한 논의는 다음을 참조하라. David Rensberger, *Johannine Faith and Liberating Community*(Philadelphia: The Westerminster Press, 1988), 37-51.

요한기자는 요한복음서에서 명시적으로 제자라는 용어를 사용한 여러 인물들 중 사랑하시는 제자와 눈멀었던 사람만을 긍정적으로 묘사하고 있다. 이 두 제자들의 공통적인 특징은 모두 예수로부터 기인하는 고난의 자리에 동참했던 인물들이라는 점이다. 사랑하시는 제자는 예수가 십자가 달릴 때 그곳을 지켰고, 눈멀었던 사람은 바리새인들과의 대립 끝에 출교를 경험하였다. 요한기자가 고난을 감수한 제자들을 참된 제자로 간주하고 있는 것은 요한공동체가 겪고 있는 고난의 상황과 상관관계가 있는 것으로 보인다. 유대교로부터 출교당하고 죄인으로 규정되었던 고난을 겪고 있는 요한공동체에게 있어서 참된 예수의 제자는 베드로, 도마, 아리마대 요셉과 같이 고난을 회피하려는 자가 아니요 이들 두 명의 제자와 같이 고난을 기꺼이 수용하는 자들이라는 것이다. 고난을 수용한 이들 두 명의 제자들은 이미 출교의 고난을 경험한 요한공동체의 상징이요, 요한공동체가 앞으로 걸어야 할 제자 됨의 길의 표준이다.

2. 제자와 교사

요한복음서에서 요한공동체를 상징하는 예수의 제자와 유대교를 상징하는 모세의 제자가 서로 대립 관계에 있는데, 본 절에서는 각 공동체의 교사에 대해서 살펴보고자 한다.[318] 요한공동체는 자신들의 교사를 예수로 설정한다. 요한기자는 13장 13절에서 "너희가 나를 선생이라 또는 주라 하니 너희 말이 옳도다 내가 그러하다(13.13)"라고 언급하고 또한 13장 14절에서 "내가 주와 또는 선생이 되어"라고 명시함으로써 예수가 교사의 기능을 하고 있음을 보여 준다. 또한 9장 28절에서 바리새인들이 "너는 그의 제자이나"라고 언급하고 있는데, 예수가 눈먼 사람이 상징하고 있는 요한공동체에게 교사의 역할을 하고 있음을 시사해 준다. 반대로 유대교에게는 모세가 교사의 역할을 하고 있다. 9장 28절에서 바리새인들은 자신들이 "모세의 제자"라고 명시한다. 즉 모세가 자신들의 교사가 된다는 것이다. 모세는 유대인들에게 율법의 수여자이고(7.19), 할례를 집행해 준 사람(7.22)이다. 예수가 안식일을 위반했을 때 그 근거를 율법에서 찾았고, 율법이 유대인과 이방인을 구분하는 하나의 주요한 기준이었다는 점을[319] 고려하면, 율법

---

318) 에반스(Craig A. Evans)는 예수와 모세의 공통점에 주목하면서 예수와 모세가 둘 다 하나님의 대리인으로서의 기능을 한다고 주장하면서 예수와 모세를 유사한 지위에 올려놓는다. 그러나 그가 제시하는 모세 관련 구절은 구약성서의 본문들이다. 즉 구약의 모세에 대한 견해를 요한기자의 견해와 동일시하는 오류를 범하고 있는 것이다. 요한의 모세는 예수보다 열등하며 때론 요한의 바리새인들에 의하여 요한의 예수와 대립적인 관계에 있는 것으로 설정된다. Craig A. Evans, "Word and Glory-On the Exegetical and Theological Background of John's Prologue", 135-44, 특히 137.

319) 서중석, 『바울서신 해석』, 121-22.

의 수혜자요 할례의 집행자로서의 교사 모세가 유대인들에게 가지고 있는 영향력은 상당했을 것으로 추정해 볼 수 있다.

바리새인들은 예수의 교사로서의 권위에 대해서 문제를 제기한다. 9장 29절에서 바리새인들은 "이 사람은 어디서 왔는지 알지 못하노라"라고 언급한다. 그러나 반대로 유대인들은 7장 27절에서 "우리는 이 사람이 어디서 왔는지 아노라"고 주장하기도 한다. 이 모순된 진술에 대해서 카슨은 다음과 같이 설명한다.

> 예수에 대하여, 당국자들은 그가 어디서 왔는지 확신하지 못했다. 물론 이것은 7.27과 모순된다… 예수의 기원에 대해 언급된 불확실성 중의 일부는 그들이 초기에 예수가 어디서 왔는지 안다고 주장했음에도 불구하고, 사실 그들은 이런 것에 대해서 아무것도 모른다는 예수의 반복된 주장에서 기인한다. 그의 주장들은 당국자들을 혼란스럽게 한다. 더 중요한 것은 7.27과 9.29 모두 동시에 거짓이면서 역설적으로 진실이다.[320]

카슨은 예수가 자신이 어디서 왔는지를 알고 있다는 유대인들의 진술을 부정하자 유대인들이 예수의 기원에 대하여 알지 못했다고 주장한다. 그러나 이러한 카슨의 주장은 7장과 9장의 문맥을 파악하지 못한 채 내려진 잘못된 결론이다. 먼저 7.27과 9.29는 발언의 주체가 다르다. 25절에서 예루살렘 사람 중에서 어떤 사람이 "이는 그들이 죽이고자 하는 그 사람이 아니냐"고 언급한 것은 7.27의 발언은 바리새인들이 아니라는 점을 뒷받침해 준다. 그러나 9장 29절의 발언은 바리새인들의 발언이다. 또한 7장 27절에서 예루살렘 사람 중 어떤 사람

---

[320] D. A. Carson, *The Gospel According to John*, 373.

이 "그리스도께서 오실 때에는 어디서 오시는지 아는 자가 없으리라"고 언급하면서 그는 예수가 어디서 왔는지 알고 있다고 주장한다. 이 사람이 말하고자 하는 바는 결국 예수는 그리스도 아니라는 것이다. 이런 측면에서 "우리는 이 사람이 어디서 왔는지 안다"라고 말한 것은 예수의 신적 권위의 근거를 알고 있다고 언급한 것이 아니라 예수의 출생과 성장 등에 관한 내용을 알고 있다는 것으로 이해할 수 있다. 그러나 9장 29절에서 바리새인들이 "하나님이 모세에게 말씀하신 줄 알거니와 이 사람은 어디서 왔는지 알지 못한다"고 언급한 것은 그들이 모세의 교사로서의 권위가 하나님으로부터 비롯된 것을 알고 있지만 예수의 교사로서의 권위는 어디에 근거하고 있는지 알지 못한다는 것으로 볼 수 있다.

이와 같이 유대교는 예수의 교사로서의 권위를 부정하고 있다. 유대교의 예수의 권위에 대한 부정에 대하여 요한기자는 모세에 대한 예수의 우월성을 부각시키면서[321] 동시에 예수의 모세와의 차별성을 제시하고 또한 유대교가 진정한 모세의 제자가 아니라는 점을 들어 이에 대응하고 있다. 1장 45절에서 요한기자는 빌립의 말을 빌어가 예수가 "모세가 율법에 기록하였고 여러 선지자가 기록한 그이"라고 언급

---

[321] 팬카로(Severino Pancaro)도 요한기자가 율법에 대한 예수의 우월성을 부각시키고 있다고 주장한다. 그는 예수와 유대인들 사이의 대립 관계가 요한기자의 시대에도 지속되었다고 전제하면서, 요한기자가 율법의 권위를 부정하는 것은 아니지만 예수가 율법보다 우월하게 설정하고 있다고 제시한다. 그가 직접 예수의 모세에 대한 우월성을 언급하지는 않았지만 율법이 모세로부터 왔다는 점을 고려하면, 요한기자가 모세에 대한 예수의 우월성을 제시하고 있다는 본 논문의 견해와 유사하다고 간주할 수 있다. Severino Pancaro, "The Law in the Fourth Gospel: The Torah and the Gospel, Moses and Jesus, Judaism and Christianity according to John", 489-533, 특히 525.

한다.[322] 그리고 49절에서 나다나엘의 입을 빌어 "당신은 하나님의 아들이시오 당신은 이스라엘의 임금이로소이다"라고 언급한다. 이 두 구절에 따르면 모세와 선지자가 하나님의 아들이요 이스라엘의 임금으로 기록한 그 사람이 바로 예수라는 것이다. 이 점은 예수가 모세보다 우월하다는 하나의 근거로 사용될 수 있다. 또한 6장 32절에서 요한기자는 "모세가 너희에게 하늘로부터 빵을 준 것이 아니라 내 아버지께서 하늘로부터 참 빵을 주신다"라고 제시한다. 바레트는 이 구절의 세 가지 해석 가능성을 제기하고 그중에 첫 번째와 두 번째 해석이 옳다고 주장한다.

> 이 구절은 몇 가지 방식으로 해석이 가능하다. i) 하늘로부터 빵을 준 것은 모세가 아니라 하나님이다. ii) 모세가 하늘로부터 당신들에게 준 것은 빵이 아니다. iii) 모세가 하늘로부터 당신들에게 빵을 주었는가?… 그는 i)과 ii)에서 부정에 의해 암시된 두 개의 긍정적인 진술을 만들고자 하고 또한 만들고 있다는 것이 확실하다: 하늘로부터 온 진정한 빵이 있다. 그리고 그것은 그리스도를 통한 하나님의 선물이다… 비록 빵과 율법이 모두 진리에 대한 비유라고 할지라도, 모세에 의해 주어진 빵은 진정한 빵이 아니고 모세에 의해서 주어진 율법도 진정한 율법이 아니다. 진정한 빵과 진정한 율법 즉 영원한 생명은 하나님이 주신 하나님의 아들이다.[323]

이 구절에 대한 바레트의 해석은 수용할 만하다. 모세 앞에 부정어

---

322) 모세 오경에는 메시아에 대한 언급이 없다. 이 구절에서 사용된 율법이라는 표현은 구약성서를 가리키는 일반적인 표현으로 받아들일 수 있다. Rudolf Bultmann, *The Gospel according to John-A Commentary*, 103.

323) C. K. Barrett, *The Gospel according to St. John*, 289-290.

ου가 있다는 점은 바레트의 첫 번째 해석을 정당하게 만들어 주고, 또한 주어가 모세인 문장에서 목적어를 빵으로, 주어가 내 아버지인 문장에서는 참 빵으로 제시하고 있다는 점은 두 번째 해석 또한 정당하게 만들어 준다. 요한기자는 율법으로 해석되는 빵[324]을 준 것이 모세가 아니라 예수의 아버지라고 언급함으로써 율법과 관련하여 모세의 권위를 약화시킨다. 동시에 율법이 예수의 아버지로부터 비롯되었다는 점을 언급함으로써 율법에 대한 예수의 권위를 강화시킨다. 또한 모세를 통하여 받은 빵 즉 율법은 진정한 율법이 아니고 아버지가 주시는 율법이 진정한 율법이라는 점을 강조함으로써 유대인들에게 있어서의 율법의 권위 또한 약화시키고 있다. 이처럼 요한기자는 예수의 모세에 대한 우월성을 강조하고 있다.

 1장 17절에서 요한기자는 "율법은 모세로 말미암아 주어진 것이요 은혜와 진리는 예수 그리스도로 말미암아 온 것이라"고 언급한다. 이 구절에 대하여 리더보스는 모세가 예수의 진리와 은혜 밖에 서 있는 것은 아니라고 주장한다.

> 모세와 예수의 차이점은 1장 17절에서 묘사된 대로 모세와 그가 대표자라는 체제는 예수가 인격화되었다는 은혜와 진리 밖에 서 있는 것을 의미하지는 않는다.[325]

 리더보스는 모세가 예수로부터 말미암은 은혜와 진리에서 배제되지는 않았다는 점을 뒷받침하기 위해 모세가 율법을 받기 전 하나님의

---

324) *Ibid.*, 290.

325) Herman Ridderbos, *The Gospel of John*, 57-8.

충만함을 먼저 보았다고 주장한다.

> 주가 그의 은혜의 충만함 가운데 모세에게 자신을 계시한 것은 율법을 주기 바로 직전이다.[326]

그러나 그러한 리더보스의 논거는 수용하기 어렵다. 왜냐하면 요한기자는 자신의 주장을 강화하기 위한 목적으로 구약의 모세를 도용하고 있을 뿐이다. 즉 요한복음에서 사용되고 있는 모세는 구약의 모세가 아니라 요한의 모세라는 것이다. 따라서 요한기자가 1장 17절에서 말하고자 하는 바를 찾아내기 위해서는 구약의 모세에 대한 묘사에 대한 의존하기보다는 요한기자가 처한 상황 그리고 요한기자의 본문에서 그 근거를 찾는 것이 정당하다. 따라서 모세가 예수로 말미암은 은혜와 진리로부터 배제되지 않았다는 점을 주장하기 위해 리더보스가 구약의 모세에 대한 묘사를 근거로 사용한 것은 부적절하다. 또한 9장 28절에서 바리새인들이 "너는 그의 제자이나 우리는 모세의 제자라"고 요한공동체와 유대교 사이의 분명한 선을 긋고 있다는 점을 고려하면 모세가 예수로부터 말미암은 은혜와 진리로부터 배제되지 않았다는 주장도 설득력이 없다. 요한공동체와 유대교 간의 논쟁의 정황에서 유대교가 교사로 설정한 모세의 권위를 요한공동체가 그대로 수용하기는 어려웠을 것이기 때문이다.

또한 요한기자는 유대교와 모세를 분리시키려는 작업을 수행한다. 먼저 5장 45절에서 "너희를 고발하는 이가 있으니 곧 너희가 바라는 자 모세니라"고 언급한다. 바리새인들은 자신들이 모세의 제자라고 생

---

326) *Ibid.*

각하고 있지만 모세는 오히려 그들을 하나님께 고발하는 자라는 것이다. 이어지는 5장 46절에서는 "모세를 믿었더라면 또 나를 믿었으리니"라고 언급한다. 요한기자의 주장에 따르면 유대인들이 모세를 제대로 믿지 않았기 때문에 예수를 믿지 못한다는 것이다. 모세가 예수에 대해서 기록했기 때문에(5.46) 모세를 정확히 이해했다면 예수를 또한 믿었을 것이라는 주장이다. 7장 19절에서도 "모세가 너희에게 율법을 주지 아니하였느냐 너희 중에 율법을 지키는 자가 없도다"라고 언급하면서 모세와 유대인들의 간극을 벌려 놓는다. 요한기자의 주장에 따르면 유대인들은 자신들이 모세의 제자이고 모세는 자신들의 스승인 것으로 설정하고 있지만, 모세는 오히려 그들을 고발하는 자이고, 유대인들은 모세를 제대로 이해하지 못했을 뿐더러 모세의 율법을 준수하지조차 않는다.

  1) 왜 요한공동체와 유대교는 각각 예수와 모세를 자신들의 교사로 설정하고 있는 것일까? 2) 왜 요한공동체와 유대교는 상대방의 교사들에 대하여 서로 공격하고 있는 것일까? 먼저 첫 번째 문제에 대하여 헤드스트룀은 공동체 내에서 어떤 행위자가 다른 사람들보다 중요한 역할을 한다는 점을 지적하고 있는데[327], 이 점은 요한공동체와 유대교에게 왜 예수라는 교사와 모세라는 교사가 각각 필요했는지에 대한 이유를 제공해 준다. 그의 주장에 따르면, 공동체 내에 많은 구성원들이 상호작용을 하고 있지만 그 영향력은 서로 상대적이다. 즉 구성원 간의 영향력이 동일한 것이 아니라 어떤 구성원의 영향력은 다른 구성원의 영향력보다 크다는 것이다. 공동체 내에서 발생하는 이런 역학적 특성

---

327) Peter Hedström, *Dissecting the Social-On the Principles of Analytical Sociology*, 44.

은 예수와 모세를 각 공동체의 상징적인 교사로 설정하는 것이 그 상징적 교사를 중심으로 하나의 세력을 형성하고 이를 통해 공동체를 제어할 수 있다는 가능성을 제공해 준다. 즉 요한공동체와 유대교가 각각 예수와 모세를 자신들의 공동체의 상징적 교사로 설정함으로써 공동체를 제어할 수 있다는 것이다.

또한 헤드스트룀은 상호작용의 유형 중 열망에 의해서 조절되는 사회적 상호작용에 대해서 설명한다. 열망에 의해 조절되는 사회적 상호작용에서는 먼저 일차 열망과 이차 열망을 구분하는데, 만일 내가 p를 열망한다면, 그리고 만일 그리고 오직 만일 q라면 p라고 믿는다면, 이런 경우 p는 일차적인 열망이 되고 q는 2차적인 열망이 된다.[328] 헤드스트룀은 다음과 같은 세 가지 유형으로 열망에 의해 조절되는 상호작용을 구분한다.

    1. 다른 사람들이 A를 한다.
       그들이 A를 하는 것이 내가 얼마나 강력하게 A를 원하는 가에 영향을 미친다.
       그러므로 내가 A를 할 가능성은 그들이 A를 하는 것에 의해서 바뀐다.

    2. 다른 사람들이 A를 한다.
       나는 그들처럼 되고 싶다(혹은 그들처럼 되고 싶지 않다).
       그러므로 내가 A를 할 가능성은 그들이 A를 하는 것에 의해서 바뀐다.

---

328) *Ibid.*, 52.

3. 다른 사람들이 A를 한다.
**나는 그들이 하는 것과 같은 일을 하는 것이 내가 B를 획득할
가능성을 증가(혹은 감소)시킨다고 믿는다. 그리고 B는 내가
열망하는 것이다.**
따라서 내가 A를 할 가능성은 그들이 A를 하는 것에 의해서
바뀐다.[329]

세 가지 유형 모두 기본적인 전제('다른 사람들이 A를 한다')와 결론 ('그러므로 내가 A를 할 가능성은 그들이 A를 하는 것에 의해서 바뀐다')은 같다. 그러나 유형 1)의 경우 다른 사람이 A를 하는 것 자체가 나의 열망에 영향을 미치고 있지만, 내가 그들처럼 되고 싶다는 의미에서 유형 2)와 유형 3)은 나의 열망의 대상이 된다.

헤드스트룀이 제시한 열망에 의해 조절되는 상호작용에 따르면 공동체 내에 어떤 구성원들이 무엇인가를 하는 것은 위와 같은 세 가지 유형으로 다른 구성원들에게 영향을 끼친다. 즉, 요한공동체와 유대교가 각각의 교사로서 예수와 모세를 설정한 것은 각 공동체의 구성원들로 하여금 각각 예수와 모세가 제시하는 가르침을 따라 살도록 혹은 그들의 삶을 따라 살도록 함으로써 공동체가 서로 상호작용하도록 하는 효과가 있다. 각 공동체의 교사들이 제시한 가르침을 따라 살도록 혹은 그들의 삶을 따라 살도록 함으로써 각 공동체의 구성원들은 내부적으로 상호작용을 하고, 이 상호작용은 결국 공동체의 결속을 강화한다.[330]

---

329) *Ibid.*

330) 그렇다면 요한기자는 왜 서로 사랑의 항목을 강조한 것일까? 이를 DBO 이론을 통해서 분석해 보면 다음과 같다. 요한공동체는 유대교로부터의 출교를 경험하였다(O). 출교는 곧 유대교로부터의 거절이었다. 유대교로부터 경험한 이러한 거절은 요한공동체에게 사랑받고 싶다는 열망(D)을 불러일으켰을 것이다. 그리고 요한공동체는 자신들이

13장 14절에서 요한의 예수는 "내가 주와 또는 선생이 되어 너희 발을 씻겼으니 너희도 서로 발을 씻기는 것이 옳으니라"라고 요한의 예수가 발언한다. 이 구절에 대해 헨헨은 이 구절이 사랑이라는 모티프를 강조하고 있다고 주장한다.

> 랍비이자 주(Lord)인 예수가 그의 제자들의 발을 씻었을 때, 그것은 자기 거부와 자기 포기의 행위이고, 그 실제적 강조점은 이 사랑이라는 모티프에 있다.[331]

그러나 요한의 예수가 제자들의 발을 씻어 준 행위의 실제적 강조점이 사랑이라는 모티프에 있다는 헨헨의 주장과는 달리 요한기자가 이예수의 제자라는 신념이 있었다(B). 13장 35절에서 요한의 예수는 "너희가 서로 사랑하면 이로써 모든 사람이 너희가 내 제자인 줄 알리라"고 언급하는데, 이 구절은 요한공동체가 가지고 있었던 예수의 제자라는 신념은 예수가 제시한 서로 사랑이라는 표준을 강조하도록 만들었을 가능성을 제공해준다. 또한 요한공동체가 유대교로부터 거절당하고 로마사회로부터도 거절당한 상황이었기 때문에, 외부적으로 기댈 곳이 없는 상황(O)은 요한공동체로 하여금 내부결속 즉 서로 사랑을 강조하게 만들었을 것이다. 이를 표로 나타내면 다음과 같다.

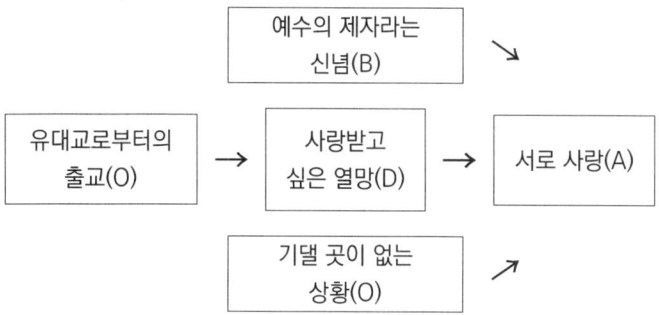

---

331) Ernst Haenchen, *John 2*, 109.

구절을 통해서 실제적으로 강조하고자 하는 바는 서로 사랑에 근거한 상호작용을 통한 공동체의 결속이다. 요한기자는 예수를 요한공동체의 교사로 명시적으로 언급하고 서로 발을 씻어 줄 것을 제안하고 있는데, 이는 공동체의 구성원들 간에 서로 사랑에 근거한 상호작용을 유발하고 이를 통해 공동체를 결속하는 기능을 수행하게 하기 위한 것으로 간주할 수 있다.

그렇다면 2) 왜 요한공동체와 유대교는 예상대방의 교사들에 대하여 서로 공격하고 있는 것인가? 예수와 모세를 요한공동체와 유대교가 자신들의 교사로 설정하고 상대방의 교사들의 권위를 격하시키려는 이유도 결국 예수와 모세가 각각의 공동체의 상호작용과 결속에 직접적인 영향을 미치기 때문인 것으로 추정해 볼 수 있다. 루스와 앨리슨에 따르면, 선택이론은 인간에 대한 다음과 같은 기본적인 전제를 채택하고 있다.

> 개인들은 그들의 기호와 선호에 근거해서 결정하면서 자신의 합리적인 이익을 극대화하는 사람들이다.[332]

요한공동체와 유대교도 상대방의 교사의 권위를 격하시키는 것은 결국 자기 공동체의 결속이라는 이익을 극대화하기 위해서인 것이다. 만일 요한공동체가 예수 이외에 모세를 자신들의 교사로 동시에 인정하게 된다면 요한공동체의 구성원들은 예수의 가르침을 따라 살고 싶은 열망과 모세의 가르침 즉 율법을 따라 살고 싶은 욕망을 동시에 갖게

---

332) Ruth A. Wallace and Alison Wolf, *Contemporary Sociological Theory-Expanding the Classical Tradition,* 299.

될 것이다. 그런데 모세의 가르침에 따라 살고 싶은 열망은 곧 유대교가 가지고 있는 열망과 동일하기 때문에 요한공동체의 구성원들은 유대교와 상호작용을 하게 될 가능성을 갖게 되는 것이고, 이것은 요한공동체의 일부가 유대교의 결속 혹은 요한공동체로부터의 이탈을 초래할 수 있을 것이다. 따라서 요한기자는 모세에게 요한공동체의 스승의 권위를 부여하지 않고 그의 권위를 예수의 권위 밑에 두려 한다. 유대교에게는 반대의 경우가 성립한다. 유대교가 만일 예수를 자신들의 교사로 인정하게 될 경우 자기 구성원들 중 일부가 요한공동체와 상호작용할 수 있고 또한 유대교로부터 이탈할 수 있기 때문에, 유대교는 이를 방지하기 위해서 요한공동체와는 반대로 예수의 교사로서의 권위를 인정하지 않는 것이다.

3. 제자직 논쟁과 요한공동체의 정체성 확립

앞에서 살펴본 바와 같이, 요한공동체와 유대교는 자신들을 각각 예수의 제자와 모세의 제자로 설정하고, 동시에 예수와 모세를 자신들이 교사로 설정하면서 논쟁을 벌였다. 요한공동체와 유대교 사이에 벌어진 이 제자직 논쟁에서 요한공동체가 궁극적으로 얻고자 하는 바는 무엇이었을까? 이에 대한 해답을 얻기 위해 유대교는 요한공동체와 왜 제자직 논쟁을 벌였는지, 반대로 요한공동체는 유대교와 왜 제자직 논쟁을 벌였는가를 DBO 이론을 통해 먼저 살펴볼 것이다.

유대인들에게는 자신들이 모세의 제자라는 신념(B)이 있었다(9.28). 모세가 율법과 할례와 관련되어 있다는 점에서 유대인들의 이러한 신념은 매우 강력했을 것이다.[333] 예수라는 새로운 교사가 등장했을 때(O), 자신들이 모세의 제자라는 신념(B)은 요한공동체와의 제자직에 관한 논쟁(A)을 유발했을 것이다. 한편, 유대인들에게 모세는 메시아가 아니다. 그러나 유대교에 속해 있던 요한공동체가 예수를 메시아라고 시인하는 것(9.22)은 예수의 권위를 모세 위에 두려는 시도로 받아들여졌을 것이다(O). 예수를 메시아로 규정하는 요한공동체의 유대교에 대한 도전(O)는 유대교로 하여금 교사로서의 모세를 변호하고 강화하고자 하는 열망을 불러일으켰을 것이고(D) 이 열망을 다시 요한공동체와 제자직에 관한 논쟁을 불러일으켰을 것이다(A). 또한 유대교는 예수를 그리스도라고 시

---

[333] 요한기자는 9장 16절에서 "그들(바리새인들) 사이에 분열이 있었다"고 언급한다. 그러나 그들이 모세의 제자라는 항목에서는 일치된 목소리를 내고 있다(9.28-29)는 점은 바리새인들에게 자신들이 모세의 제자라는 신념이 그만큼 강력한 것이었음을 보여 준다. David Rensberger, *Johannine Faith and Liberating Community*, 43.

인하는 요한공동체를 출교(9.22)하게 된다(O). 유대교는 이러한 출교의 정황에서 구성원들이 요한공동체로의 이탈을 최소화하기 위해서 요한공동체의 교사인 예수의 권위를 격하시키고자 하는 열망(D)이 있었을 것이다. 이러한 열망이 또한 요한공동체와의 제자직 논쟁을 불러일으켰을 것이다. 이를 그림으로 나타내면 다음과 같다.

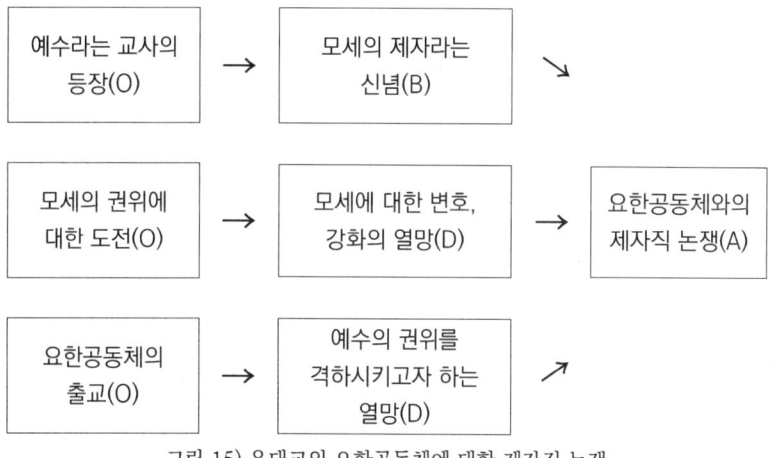

그림 15) 유대교의 요한공동체에 대한 제자직 논쟁

그렇다면 요한공동체는 왜 유대교와의 제자직 논쟁에 가담한 것일까? 요한공동체가 겪은 가장 큰일은 아마도 유대교로부터의 출교일 것이다(O). 요한기자는 출교가 요한공동체에게 얼마나 버거운 것이었는지를 눈먼 사람의 부모의 바리새인들에 대한 반응을 통해서 시사해 준다(9.22). 유대교로부터 출교를 당한 정황에서 율법과 할례의 수여자로서 교사 모세를 대체하고 있는 교사 예수를 강화하고자 했을 것이다.(D). 요한공동체를 지속적으로 모세의 영향력 아래 두는 것은 구성원들에게 유대교로 회귀의 가능성을 열어 두는 것이므로 반드시 교사 모세를 대체할 새로운 교사인 예수를 강화해야만 했을 것이다. 따라서 요한기자는 그리스도인 예수를 다시 요한공동체의 교사로 설정하고 유대교와의 제자직 논쟁에 가담한다(A)[334]. 한편, 요한공동체는 유대교에 있었을 때 유대교와 동일하게 가지고 있었던 '모세의 제자'라는 정체성을 유대교로부터 출교와 함께 버려야만 했다. 이러한 출교로 인한 정체성의 부분적 상실(O)은[335] 새로운 정체성을 강화하고자 하는 열망(D)을 불러일으켰을 것이고, 이 열망이 다시 요한공동체로 하여금 유대교와의 제자직 논쟁에 적극 관여하여 자신들의 정체성을 확고하게 하도록 했을 것이다(A). 이를 그림으로 나타내면 다음과 같다.

---

[334] 요한공동체가 예수의 제자라는 인식은 출교 이전부터 형성되었던 것으로 보인다. 비록 9장 22절에서 예수를 그리스도로 시인하는 것을 출교의 직접적인 원인으로 제시하고 있지만, 요한공동체를 상징하는 눈먼 사람은 바리새인들과의 제자직에 관련하여 27절과 28절에서 공방을 벌인 것이 한 원인이 되어 쫓겨나게 된다. 요한기자가 제자직 논쟁을 9장에서 다시 부각시키는 이유는 교사로서의 예수를 강화할 필요성을 느꼈기 때문일 것이다.

[335] 요한공동체가 유대교 내에 있었을 때는 유대교 내의 유대인들과 동일하게 모세의 영향력 아래에 있었을 것이다. 그러나 출교와 함께 요한공동체는 모세의 제자라는 정체성을 버려야만 했다. 모세의 제자라는 정체성을 지속적으로 유지하는 것은 유대교와의 지속적인 관련을 시인하는 것이기 때문이다. 그러나 요한공동체는 모세의 영향력을 완전히 부정하지는 못하고 있는 것으로 보인다. 5장 46절에서 요한의 예수는 "모세를 믿었더라면 나를 믿었으리니"라고 언급하면서 모세와 자신의 연관성을 인정한다. 또한 7장 19절에서 "모세가 너희에게 율법을 주지 아니하였느냐 너희 중에 율법을 지키는 자가 없도다"라고 언급하는데, 여기서 요한의 예수가 공격하는 것은 모세 자체가 아니라 유대인들이다. 이런 점들은 요한공동체가 모세 자체를 완전히 부정하지는 않는다는 점을 뒷받침한다. 모세를 완전히 부정하지는 않으나 지속적으로 그 영향력 아래에 있을 수 없었던 요한공동체가 취할 수 있는 방법은 예수를 강화하는 것이었을 것이다. 교사로서의 예수를 강화하는 것은 모세를 부정하지 않으면서 약화시킬 수 있는 방편이 되기 때문이다.

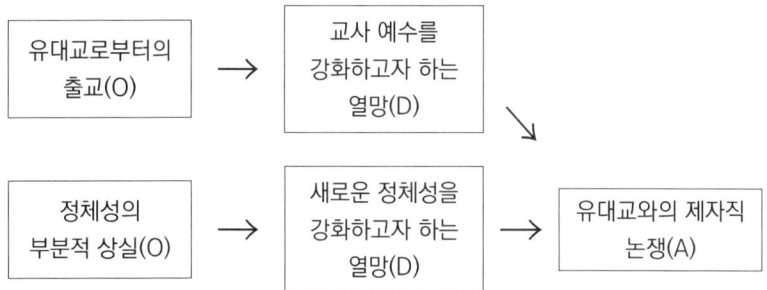

그림 16) 요한공동체의 유대교에 대한 제자직 논쟁

유대교와 요한공동체가 제자직 논쟁에 관여하게 된 원인을 DBO 이론을 통하여 상호 분석해 본 결과, 3절의 도입부에서 제기했던 질문 즉 요한공동체와 유대교 사이에 벌어진 이 제자직 논쟁에서 요한공동체가 궁극적으로 얻고자 하는 바는 무엇인가에 대한 해답은 결국 예수의 제자라는 새로운 정체성을 강화하기 위한 것으로 드러났다.

요한공동체가 예수의 제자라는 새로운 정체성을 강화하는 것은 공동체 내에서 다음과 같은 몇 가지 기능을 했을 것으로 추정해 볼 수 있다. 첫째, 요한공동체가 예수의 제자라는 새로운 정체성을 강화하는 것은, 제3장에서 요한공동체가 "의인들의 공동체"라는 상징적 자기인식을 갖고자 했듯이, "예수의 제자들의 공동체"라는 또 하나의 상징적 자기인식을 갖도록 했을 것이다. 사회 구성원들이 공통된 상징으로 의사소통을 한다는 점을[336] 고려할 때, "예수의 제자들의 공동체"라는 또 다른 자기 인식을 갖는 것 역시 의사소통을 통한 공동체의 통합에 기여했을 것이다.

---

336) Ruth A. Wallace and Alison Wolf, *Contemporary Sociological Theory-Expanding the Classical Tradition*, 225.

둘째, 요한기자가 요한공동체를 "예수의 제자들의 공동체"로 설정한 것은 이른바 "무임승차자들"[337]을 제어하는 기능을 했을 것이다. 요한공동체가 유대교로부터 출교 후 독립적인 공동체를 형성하였을 때, 공동체 중의 일부는 유대교로의 회귀 즉 지속적으로 모세의 제자로 남아 있고자 했을 수 있다. 요한공동체 내에 모세의 제자임을 포기하지 않으려 했던 그룹이 있었을 것이라는 추정은 요한의 예수가 모세를 완전히 부정하지는 못하고 있다는 점에서, 그리고 만일 요한공동체가 예수의 제자들이라는 인식이 확고했다면 이를 특별히 강화하지는 않았을 것이라는 점에서 가능하다. 요한공동체가 예수의 제자들의 공동체라는 점 강화하는 것은 요한공동체 내에 있었던 모세의 제자 됨을 포기하지 못하는 무임승차자들에게 인식적 부조화를 유발함으로써 그들을 제어하는 기능을 수행했을 것이다.

셋째, 요한기자가 요한공동체를 "예수의 제자들의 공동체"로 설정한 것은 대외적으로 선교적 기능을 수행했을 것으로 보인다. 10장 16절에서 요한의 예수는 "이 우리에 들지 아니한 다른 양들이 내게 있어 내가 인도하여야 할 터이니 그들도 내 음성을 듣고 한 무리가 되어 한 목자에게 있으리라"고 말하면서 선교의 대상으로서의 '다른 양'에 대하여 언급한다.[338] 10장에 소개되는 양들은 목자에 기대어 살아가는 연약한 존재들이다(10.3). 선한 목자의 영역 안에 있는 양들은 그 목자로 말미암아 구원을 받고 꼴을 얻는다(10.9). 그러나 선한 목자의 품 밖에 있는 양들은 아직 그 혜택을 누리지 못하고 있다(10.16). 요한공동체는

---

337) Ruth A. Wallace and Alison Wolf, *Contemporary Sociological Theory-Expanding the Classical Tradition*, 341.

338) 서중석, 『복음서해석』, 247-49.

아직 선한 목자의 품에 들어와 혜택을 누리지 못하는 다른 양들을 선교의 대상으로 설정하고 있다. '다른 양들'은 아마도 유대교로부터 출교당한 요한공동체 이외의 어떤 다른 그룹을 가리킬 가능성이 높다. 요한기자는 요한복음서 내에서 '양'을 '약자'로 설정하고 있는데, 요한공동체가 겪은 출교의 정황을 고려하면 다른 '양들' 또한 유대교로부터의 출교를 경험한 다른 그룹 혹은 공동체일 가능성이 높기 때문이다. 예수 때문에 출교당한 다른 그룹에게 요한공동체가 자신들을 "예수의 제자들의 공동체"로 명시하는 것은 결국 다른 양들을 동일한 범주 안으로 감싸 안을 수 있는 기준으로서의 기능을 할 수 있다.

요컨대, 요한기자는 여러 제자들 중에서 사랑하시는 제자와 눈먼 사람을 긍정적으로 묘사한다. 이들 두 제자는 예수가 겪은 고난에 같이 동참한 자들이다. 고난을 수용한 이들 두 명의 제자들은 이미 출교의 고난을 경험한 요한공동체의 상징이요, 요한공동체가 앞으로 걸어야 할 제자 됨의 길의 표준이다. 요한공동체와 유대교는 예수와 모세를 자신들의 교사로 각각 설정한다. 이 두 공동체가 상대방의 교사들의 권위를 서로 격하시키려는 이유는 결국 예수와 모세가 각각의 공동체의 상호작용과 결속에 직접적인 영향을 미치기 때문이다. 또한 요한공동체와 유대교는 제자직에 관한 논쟁을 벌이고 있는데, 요한공동체가 제자직에 관한 논쟁을 통하여 얻고자 하는 바는 새로운 정체성을 강화하는 것이다. 이 새로운 정체성은 상징적 자기인식의 기능, "무임승차자들"에 대한 제어, 다른 양들에 대한 선교적 기능을 수행하고 있다.

눈먼 사람 이야기와
요한공동체

제5장

그리스도 논쟁과 요한공동체

　9장 22절에서 요한기자는 눈먼 사람의 부모의 입을 통해 "예수를 그리스도로 시인하는 자는 출교하기로 결의하였으므로"라고 언급한다. 12장 42절과 16장 2절에서도 출교에 관한 언급을 하지만 오직 이 구절만이 출교를 그리스도 시인과 출교를 직접적으로 연결시키고 있다. 이점은 눈먼 사람이 상징하는 요한공동체와 유대교 사이에 그리스도에 관한 논쟁이 있었을 가능성을 제공해 준다.[339] 제5장에서는 요한공동체와 유대교 사이에 벌어졌을 것으로 추정되는 그리스도 논쟁의 흔적을 찾기 위해서 먼저 요한복음서에서 '그리스도'가 어떻게 사용되는지를 살핀 후, 그리스도와 예배와의 관계를 살피고 그리스도 논쟁과 그 목적에 대하여 살필 것이다.

---

339) A. J. Mattil, Jr., "Johannine Communities Behind the Fourth Gospel: Georg Richter's Analysis", 301. David J. MacLeod, "The Witness of John the Baptist to the Word: John 1.6-9", *Bibliotheca Sacra* 160(2003): 307.

1. 요한복음서의 '그리스도'

요한복음서에는 예수를 그리스도라고 직접 지칭하는 구절도 있지만 예수의 메시아 됨을 나타내는 유사 표현들이 존재한다.[340] 그 첫 번째 표현은 '로고스'이다. 로고스[341]는 예수의 선재성을 지시해 주는 용어로서,[342] 요한기자는 로고스인 예수가 하나님이면서(1.1) 하나님과 함께

---

340) 쿨페퍼(R. Alan Culpepper)는 요한복음서의 기독론이 매우 다양하다고 언급하면서 예수가 다음과 같이 제시된다고 주장한다. 십자가에 달린 메시아, 기적 행위자, 하늘의 계시자, 어린양, 이스라엘의 왕, 로고스, 성육신한 지혜, 하나님의 아들 등. R, Alan Culpepper, "Synthesis and Schism in the Johannine Community and the Southern Baptist Convention", 3.

341) 요한기자의 우주창조론에 대한 관심과 그리스도-로고스의 역할은 후기 그리스 철학과 개념적, 용어적 평행을 이룬다. D. Moody Smith, "The Life Setting of the Gospel John", 436. 쿨만은 요한공동체가 그들의 신학(특별히 기독론), 사마리아 선교에 대한 관심, 비정통적 유대교에 대한 의존성 등에 있어 크리스천 헬레니스트들과 접촉했을 것이라고 추정하기도 한다. Robert Kysar, "Community and Gospel: Vectors in Fourth Gospel", 356.

342) John Painter, "Christology and the Fourth Gospel-A Study of the Prolog", 48. D. Moody Smith, "The Life Setting of the Gospel of John", 436. 최근에 리드(David A. Reed)는 로고스가 토라를 가리킨다고 주장했다. 그러나 이는 요한공동체의 출교 정황을 전혀 고려하지 못한 결론이다. 유대교로부터 출교를 당한 요한공동체가 취했던 이원론적 입장을 고려하면 유대교의 핵심 항목 중의 하나인 토라를 자신들의 기독론에 도용했을 가능성은 희박하다. David A. Reed, "How Semitic was John? Rethinking the Hellenistic Background of John 1.1", *ATR* 85(2003): 709-726. 요한공동체의 이원론에 대해서는 다음을 참조하라. Robert Kysar, John, the Maverick Gospel, 47-64. 또한 에반스는 탈굼에 사용된 멤라(מימרא)의 영향을 받은 표현이라고 주장한다. Craig A. Evans, Word and Glory-On the Exegetical and Theological Background of John's Prologue, 126-29. 멤라와 로고스를 연결시키려는 해석에 반대하는 학자들의 견해는 다음을 참조하라. C. K. Barret, Gospel according to St. John, 153. J. A. Fitzmyer, "The

있었고(1.2), 세상의 만물은 그로 말미암아 창조되었다고(1.3) 제시한다.[343] 로고스 기독론은 오직 요한복음서에만 등장한다.[344] 패인터는 로고스라는 용어가 포함되어 있는 서론이 요한기자의 인용인가 창작인

Aramic Language and the Study of New Testament", *NTS* 20(1974): 382-407, 특히 396. 한편 켈버(Werner H. Kelber)는 로고스가 유대교의 지혜를 가리키는 용어라고 주장한다. 그는 그렇다면 왜 소피아(sophia)를 사용하지 않고 로고스를 사용하였는가라고 자문하면서 로고스와 소피아가 대체 가능한 용어라고 주장한다. 그러나 켈버의 답변은 요한기자가 왜 로고스를 선택했는지의 문제를 해결해 주지는 못한다. 로고스와 소피아가 같은 의미라면 요한기자는 유대교의 지혜를 보다 명시적으로 지시하는 소피아를 채택했어야 하지 않는가? 요한공동체의 유대교로부터의 출교 정황을 고려하면, 요한기자가 자신의 그리스도론을 위해 로고스라는 용어를 채택한 것은 유대교로부터의 신학적 독립을 추구하기 때문일 것으로 추정해 볼 수 있다. Werner H. Kelver, "The Birth of Befinning: John 1.1-18", *Semeia* 52(1990): 121-44, 특히 23. 요한복음 서막의 로고스에 대한 전체적 전망을 위해서는 맥 레오드(David J. MacLeod)의 일련의 연구를 참조하라. David J. MacLeod, "The Eternality and Deity of the Word: John 1.1-2", *Bibliotheca Sacra* 160(2003): 48-64. David J. MacLeod, "The Creation of the Universe by the Word: John 1.3-5", *Bibliotheca Sacra* 160(2003): 187-201. David J. MacLeod, "The Incarnation of the Word: John 1.14", *Bibliotheca Sacra* 161(2004): 72-88. David J. MacLeod, "The Benefits of the Incarnation of the Word: John 1.15-18", *Bibliotheca Sacra* 161(2004): 179-93.

343) 창조에 있어서 중심으로서의 로고스라는 개념은 스토아 철학과 신플라톤 철학에서 먼저 존재했다. 스미스는 요한기자가 1세기 유대 팔레스틴 지역의 분위기보다는 그리스 철학의 분위기에 익숙했을 것으로 추정한다. D. Moody Smith, "The Life Setting of the Gospel of John", 436.

344) John Painter, "Christology and the Fourth Gospel-A Study of the Prolog", 49. 히브리서 1장 1-4절, 11장 3절에서는 그와 로고스 기독론과 유사한 평행을 보여 주기도 한다. 즉 히브리서 기자에 따르면 하나님은 그의 "아들"을 통해서 세상을 창조했고, 세상은 하나님의 말씀에 의해서 조성되었다. 그러나 히브리서 기자는 아들이 말씀이라고 언급하지는 않는다.

가라는 문제에 집중하지만[345], 그보다 더 중요한 문제는 요한기자는 왜 로고스 기독론을 통해서 예수의 선재성을 강조하고 있느냐는 점일 것이다.

요한기자가 예수의 선재성을 강조한 이유는 요한공동체의 출교 정황에서 조망하면 명확하게 드러난다. 에머슨은 B의 A에 대한 의존도는 대안이 있는지의 여부에 의해 결정된다는 점을 지적한 바 있다.[346] 이를 요한공동체와 유대교 사이의 관계에 적용하면 요한공동체의 유대교에 대한 의존도는 대안의 여부에 의해 결정된다고 할 수 있다. 즉 요한공동체가 유대교로부터 출교당한 후에 지속적으로 하나님만을 신의 자리에 올려놓았다면 요한공동체는 해당 항목에 대해서 유대교와 차별성이 없고, 유대교의 하나님에게만 종속될 수 있다. 그러나 로고스인 예수가 하나님이면서, 하나님과 함께 있었고, 창조에까지 관여했다는 점을 부각시키면서 예수를 하나님의 자리로 격상시키는 것은 곧 유대교와 차별된 하나님 개념을 형성하는 것이다. 즉 요한공동체가 로고스 그

---

345) 키사도 이 문제를 취급하면서 후대의 첨가라고 주장하는데 그 논거는 복음서 내의 다른 어떤 곳에서도 로고스가 언급되어 있지 않다는 것이다. 그러나 로고스가 1장 이외에 다른 곳에서 언급되지 않았다는 것이 이 단락의 후대 삽입을 결정적으로 지원해 주지는 못한다. 키사의 논리에 따른다면 단 한 번밖에 사용되는 않는 용어 '이스라엘의 왕(1.49)', 두 번 사용된 '메시야', 세례 요한에 의해서만 발언된 '뒤에 오시는 이' 등도 모두 후대의 삽입으로 보아야 하는가? 요한복음서 내에 녹아 있는 헬라적 요소들을 고려하면 로고스 관련 단락을 요한기자의 동시적 편집물로 간주하는 것이 더 적절해 보인다. 또한 서중석은 1.14; 3.1-15의 '우리'에 주목하면서 요한복음서가 요한공동체의 정황과 밀접하게 연관되어 있음을 주장하는데, 이점은 로고스 관련 단락이 후대의 첨가가 아닌 요한기자의 편집물임을 뒷받침해 준다. Robert Kysar, *John, the Maverick Gospel*, 24. 서중석, 『복음서 해석』, 237-38.

346) Ruth A. Wallace and Alison Wolf, *Contemporary Sociological Theory-Expanding the Classical Tradition*, 319.

리스도론을 통해서 예수의 선재성을 강조하는 것은 신론이라는 항목에 있어서 요한공동체는 유대교로부터의 독립을 선언하는 것이다.

로고스 외에 예수의 메시아 됨을 지칭하는 용어들은 '오시는 이', '하나님의 아들', '이스라엘의 왕(1.49)', '인자' 등이 있다. 로더(W. R. G. Loader)는 이들 사이의 관계에 대해서 다음과 같이 정리한다.

> '오시는 이'는 이 땅에 온 아들이다. '하나님의 아들'은 아버지의 아들이다… 이와 같이 메시아 전승은 중심적인 기독론적 구조 안에서 통합된다. 하나님의 아들인 메시아는 아버지의 아들인, 즉 계시자이다.[347]

로더는 또한 요한기자의 기독론의 특징을 제시하기도 한다.

> 요한기자의 기독론은 다음과 같은 특징을 포함하고 있다. (1) 아들-아버지라는 용어 (2) 아들은 아버지로부터 오고 아버지에게로 돌아간다. (3) 아들은 아버지에 의해 보냄을 받았다. (4) 아버지는 아들의 손에 모든 것을 맡기셨다. (5) 아들은 아버지를 알게 했다.[348]

로더는 메시아를 나타내는 각각의 용어들의 상관관계를 잘 정리하였고, 이 상관관계에서 드러나는 요한기독론의 특징을 정리해 주었다. 그러나 로더는 이들 각각 용어들의 독특한 사용에는 주목하지 못했다. 예수의 메시아 됨에 대하여 요한기자가 그 용어를 달리했다면 그 이유가 있었을 것이다. 각각의 용어의 쓰임과 해당 용어를 사용하게 된 이유를 찾아보는 것은 요한의 기독론을 이해하는 데 또한 기여할 것이다.

---

347) W. R. G. Loader, "The Central Structure of Johannine Christology", *NTS* 30, 192-3.

348) *Ibid.*, 196.

먼저 '뒤에 오시는 이(1.15,27,30)'는 세례요한에 의해서 언급된 표현이다. 이 표현은 공관복음서에서도 평행구절을 갖고 있으므로 요한기자의 독특한 표현은 아니다. 그러나 요한복음 1장에 언급된 '뒤에 오시는 이'는 공관복음서와는 달리 예수의 요한에 대한 선재성이 강조된다.[349] 15절과 30절에서 세례 요한은 "내 뒤에 오시는 이가 나보다 앞선 것은 나보다 먼저 계심이라"고 명시한다.

요한기자는 왜 예수가 요한보다 앞서 있다는 점을 강조하였는가? 세례 요한은 3장 28절에서 "나는 그리스도가 아니요 그의 앞에 보내심을 받은 자라고 한 것을 증언할 자는 너희니라"고 언급한다. 28절은 요한이 자신의 제자들에게 자신이 그리스도가 아님을 명시하는 구절인데, 이는 요한공동체 내에 요한의 제자 그룹이 존재했었고 그 그룹이 세례 요한의 위치를 그리스도로까지 끌어올리려는 시도가 있었으며, 요한기자는 이를 제어하려 하고 있을 가능성을 시사해 준다. 헨헨은 요한이 공동체의 구성원으로서 그 공동체의 주장과 늘 일치했다고 주장한다.

> 이 구절은 요한이 명백히 그 공동체에 협조했다는 점 즉 공동체의 구성원으로서 영원히 존재한다는 전망에서 가장 잘 이해될 수 있다.[350]

그러나 헨헨은 긍정적으로 묘사된 세례 요한 이면에 있는 세례 요한 그룹의 부정적인 측면은 고려하지 못했다. 요한기자에 의해서 묘사된 세례 요한의 제자들 즉 요한공동체 내의 세례 요한 그룹은 예수를 중

---

349) Ernst Haenchen, *John 2*, 120, 153.

350) Ernst Haenchen, *John 2*, 120.

심으로 공동체가 확장되는 것을 경계하는 자들이었다.[351] 요한공동체가 유대교로부터 출교당한 것이 예수를 그리스도로 시인하는 것 즉 그리스도론에 관한 문제 때문이었는데, 세례 요한 그룹의 그리스도론에 대한 이견은 요한공동체에게 큰 부담을 주었을 것이고 요한기자는 이를 제어해야만 했을 것이다. 따라서 요한기자는 예수가 세례 요한보다 앞선 자이고 참 그리스도라고 세례 요한의 입을 통하여 제시함으로써 세례 요한 그룹에 대한 제어를 시도하고 있는 것이다. 한편, 세례 요한 그룹이 그리스도론에 관하여 요한공동체[352]와 이견을 보이는 것은 세례 요한 그룹이 요한공동체의 출교 이후에 공동체로 편입되었다는 점을 시사해 준다. 만일 그들이 유대교 내에서 예수를 그리스도로 고백한 이유 때문에 출교를 당했다면, 자신들이 출교를 각오하면서 지켜낸 해당 항목 때문에 요한공동체와 문제를 일으키기 어려웠을 것이다. 또한 3장 25절에서 요한의 제자들이 한 유대인과 정결예식에 대하여 논의했다는 점은 세례 요한 그룹이 유대인들과 완전히 단절하지는 않았음을 보여주는데, 이 또한 세례 요한 그룹이 요한공동체의 출교 이후에 편입되었다는 점을 지지해 준다.

메시아를 지칭하는 '하나님의 아들'이라는 용어에 대해서 카손은 다음과 같은 해석의 가능성을 제시한다.

> 히브리어는 어떤 언어들이 그런 것처럼 많은 형용사를 가지고 있지는 않고, 이것을 포함한 다양한 관용적인 구조로써 그 부족을 보

---

351) 3장 26절에서 세례 요한의 제자들은 사람들이 예수에게로 가서 세례받는 것에 대하여 경계하는 것으로 묘사된다.

352) 여기서 요한공동체는 유대교로부터 출교를 당한 요한공동체의 모체를 가리킨다.

충한다. 이와 같이 '사악한 사람'은 아마도 '사악함의 아들(시89.22)'이라고 불릴 것이고, 어려움 가운데 있는 사람은 '고통의 아들들(Pr. 31.5)'이라고 불릴 것이며… 산상 설교에서 화평하게 하는 사람은 '하나님의 아들들(마5.19)'로 불리었다. 왜냐하면 그들이 평화롭게 하는 것은 적어도 이 측면에서는 하나님을 닮았기 때문이다.[353]

카손의 이러한 주장은 '하나님의 아들'이 하나님의 본성에 대한 표현일 수 있다는 것이다. 그러나 요한기자는 '하나님의 아들'이라는 용어에서 하나님이 삭제된 '아들'이라는 용어를 여러 곳에서 사용하고 있는데, 여기서 아들은 부모의 본성의 수여자로서의 상징적 아들이 아니라 실제적 의미의 아들이다. 따라서 카손이 주장하는 '하나님의 아들'에 대한 첫 번째 해석은 부적절하다고 평가할 수 있다. 또한 1장 49절에서 나다나엘은 "당신은 하나님의 아들이시오 당신은 이스라엘의 임금이로소이다"라고 언급하고 있는데, 여기서 하나님은 이스라엘이 평행을 이루고 있다. '이스라엘의 임금'에서 임금은 이스라엘에 속한 임금이라는 의미이므로 '하나님의 아들'에서 아들 또한 하나님께 속한 아들이 된다. 따라서 '하나님의 아들'은 하나님께 속한 아들 즉 실질적 소유의 의미를 갖고 있다고 간주할 수 있다.

그렇다면 요한복음서에서 사용된 '하나님의 아들'과 '아들'의 차이점은 무엇인가? 로더는 '하나님의 아들'과 '아들'에 관하여 다음과 같이 주장한다.

> 요한복음서의 메시아 전승은 '아들'이라는 용어보다는 '하나님의 아들'을 선호한다.[354]

---

353) D. A. Carson, *The Gospel According to John*, 161.

354) W. R. G. Loader, "The Central Structure of Johannine Christology", *NTS* 30, 192.

로더는 '하나님의 아들'이 메시아적 정황에서 사용되고 있다고 주장한다. 그러나 로더의 주장과는 달리 '아들'이라는 용에서 특별히 메시아적 기능이 약화된 흔적을 찾을 수 없다. 오히려 3장 35절에서는 "아버지께서 아들을 사랑하사 만물을 다 그의 손에 주셨으니"라고 언급하고, 5장 22절에서는 "심판을 다 아들에게 맡기셨으니"라고 언급하고 있는데, 이는 '아들'이라는 용어에도 메시아적 기능이 강화되어 있음을 보여 준다.

요한복음서의 용례를 살펴보면 '하나님의 아들'과 '아들'은 다음과 같은 특징을 보인다. '하나님의 아들'이라는 용어가 사용된 곳(1.34; 1.49; 5.25; 11.4; 11.27; 20.31)에는 '아버지'라는 용어가 등장하지 않는다. 반면에 '아들'이라는 용어가 등장하는 곳에는 '아버지'라는 용어가 같이 등장한다(3.35,36; 5.19; 5.20; 5.22; 5.23; 5.26; 6.40; 14.13; 17.2). 다시 말하면, '하나님의 아들'이라는 용어는 아버지와 아들이 통합되어 하나의 용어로 산출된 경우이고, '아들'의 경우는 '아버지'가 함께 등장하여 '아버지'가 '아들'을 지원해 주고 있다. 또한 '하나님의 아들'은 예수가 메시아임을 선언하는 경우에 사용되고, '아들'은 메시아의 기능에 관련되어 사용되는 것으로 보인다. 먼저 '하나님이 아들'의 경우, 1장 34절에서 요한은 예수가 하나님의 아들임을 증언하였다고 언급되고, 1장 49절에서 나다나엘은 예수가 하나님의 아들이라고 고백한다. 11장 27절에서 마르다는 주는 그리스도시오 세상에 오시는 하나님의 아들인 줄 믿는다고 고백한다. 또한 20장 31절에서 "하나님의 아들 그리스도"라고 언급한다. 이러한 용례들은 공통적으로 '하나님의 아들'이 예수가 메시아임을 선언하는 경우에 주로 사용되고 있다는 점을 뒷받침해 준다. '아들'의 경우, 3장 35절에서는 만물을 다 아들의 손에 주셨다고 언급하고, 36절에서는 아들을 믿는 자에게 영생이 있다는 점을 언급하고 있다. 5장 22절에서는 심판을 아들에게 맡겼다고 언급하고, 6장 40절에서는 아들을 보는 자마다 영생을 얻는다고 언급한다. 또한 17장 2절에서도 만민을 다스리는 권세를 아들에게 주셨다고 언급한다. 요컨대, '아들'이라는 용어는 '아버지'로부터 받은 메시아적 기능을 나타낼 때 사용된다고 간주할 수 있다.

'이스라엘의 임금'이라는 용어는 1장 49절에만 등장하는데, 팔레스틴의 유대인들이 사용하는 메시아에 대한 용어이다.[355] 요한기자는 왜 '이스라엘의 임금'이라는 유대적 용어를 차용하였는가? 예수는 47절에서 나다나엘에게 "참으로 이스라엘 사람이라"는 표현을 사용한다. 요한의 예수가 47절에서 나다나엘을 향해서 '이스라엘 사람'이라는 표현을 사용한 것은 나다나엘이 아직 유대교에 소속되어 있는 상태였기 때문일 것이다. 자신에 대한 예수의 평가에 대해서 나다나엘은 예수를 "이스라엘의 임금"이라고 지칭한다. 즉 자신의 임금이라는 것이다. 이 점은 요한공동체가 자신들에 대해서 우호적이고 예수를 그리스도로 인식한 유대인들에게 선교의 가능성을 열어 두고 있다는 점을 시사한다. 이스라엘의 임금이라는 용어를 사용한 것은 아마도 유대인들이 고대하던 메시아가 예수라는 점을 명시화하고, 그들에게 선교의 가능성을 열어 두기 위한 방편이었을 것이다.

'인자'는 하강과 상승(1.51; 3.13; 6.62; 8.28; 12.34)[356], 영광

---

355) D. A. Carson, *The Gospel According to John*, 162.

356) 인자의 상승과 하강에 대한 최근 연구로는 다음을 참조하라. J. G. O'Neill, "Son of Man, Stone of Blood(John 1.51)", *NT* 45(2003): 374-81. 오네일(J. C. O'Neill)은 1.51에 언급된 인자가 야곱이 벧엘에 쌓았던 돌과 같은 역할을 한다고 주장한다.

(12.23; 13.31), 영생(6.27,53) 심판(5.27) 등과 관련하여 사용되었다.[357] 인자는 전통적인 종말론에서 사용되는 용어로서 죽은 자의 부활 그리고 최후의 심판과 밀접하게 연결되어 있다.[358] 로더는 인자가 요한기자의 기독론의 핵심 구조에 포함되어 있지는 않으나 이를 이해하는 데 단서가 된다고 주장한다.

> 인자는 저자의 기독론의 중심 구조에 통합되어 있지 않다. 오히려 그것은 다른 것들 중에서 중심 구조에서 표현된 것이 어떻게 이해되어야 하는지에 대한 단서를 제공하는 것으로 간주되어야 한다. 왜냐하면 중심구조가 포함하고 있는 진실은 오직 인자의 영광이라는 기초위에서만 인식이 가능하기 때문이다.[359]

로더는 인자라는 용어가 요한 기독론의 중심 구조에 속하지 않는다고 언급하면서 그 중심 구조를 이해하는 데 단서만을 제공할 뿐이라고 주장한다. 그러나 로더가 자신의 주장을 뒷받침하기 위해서 중심 구조

---

[357] 인자에 관한 개력적인 정보를 위해서는 다음을 참조하라. Robert Kysar, John the Maverick Gospel, 35-44. C. H. Dodd, *The Interpretations of Fourth Gospel*, 241-49.

[358] H. J. Maill, Jr. "Johannine Communities Behind the Fourth Gospel: Goerg Richter's Analysis", 298. 몰로니(Francis J. Moloney)는 인자 개념이 그리스도의 성육신적 존재 형태에 대한 요한기자의 표제이고, 잘못된 메시아적 개념을 수정하기 위해 사용되었다고 주장한다. 그에 따르면, 요한기자는 이 표제의 전통적인 사용을 지속했고 그것을 그 자신의 이해와 혼합했다는 것이다. Francis J. Moloney, "The Johannine Son of Man", *BTB* 8(1970), 177-89. 코펜(Joseph Coppens)은 인자가 계시자의 인성을 강조한 것이고 또한 다윗 왕가의 예수라는, 메시아적 선이해를 자유롭게 한 것이라고 주장한다. Robert Kysar, "Community and Gospel: Vectors in Fourth Gospel Criticism", 362.

[359] W. R. G. Loader, "The Central Structure of Johannine Christology", *NTS* 30(1984): 199.

가 오직 인자의 영광이라는 기초 위에서 이해될 수 있다고 이유를 제시하지만, 요한복음서 내에서 인자는 영광과만 연관성을 가지고 있는 용어가 아니다. 요한복음서의 인자는 위에서 언급한 바와 같이 영광 이외에도 하강과 상승, 영생, 심판과도 관련되어 있다. 특히 하강과 상승은 로더가 제시한 요한기독론의 두 번째 특징과 밀접하게 연결되어 있고, 심판도 네 번째 특징과 밀접하게 연결되어 있다. 이러한 점을 고려하면 인자는 로더의 주장과는 달리 요한기독론의 가장 자리에 있는 용어가 아니라 중심 구조의 한 축을 형성하고 있다고 간주할 수 있다.[360]

한편 요한기자는 예수를 직접적으로 그리스도라고 언급한다. 1장 41절과 4장 25절에서 메시아라는 용어가 사용되기도 한다. 이 두 용례는 모두 요한공동체 외부인이었던 것들로 간주할 수 있는 나다나엘과 사마리아 여인에 의해서 사용된 용어로서, 요한기자는 곧 그리스도로 번역될 수 있다는 설명을 첨가한다. 요한기자가 메시아라는 용어를 그대로 사용한 후 번역한 것은 요한공동체 밖에 있는 외부 그룹 혹은 공동체에 대한 선교의 가능성을 열어 둠과 동시에 그들이 기다리던 메시아가 바로 예수라는 점을 보이기 위한 장치로 간주할 수 있다.

요한복음서에는 그리스도에 대한 일반적인 개념 혹은 기대가 반영되어 있다. 4장 25절에서 사마리아 여인은 그리스도가 오시면 모든 것을

---

360) 마틸은 요한공동체의 인자사상 즉 "그리스도가 영원히 머무른다"는 사상이 유대교의 인자사상으로부터는 설명될 수 없다고 주장한다. 영원성은 다윗적 메시아 사상이기 때문이다. 그에 따르면 오히려 이 표현은 그리스도가 세상의 끝 날에 인자로서 새로운 영원한 왕국을 건설하러 하늘로부터 올 것이라는 요한공동체적 기독론을 축소 재생산한 것이다. 요한공동체의 인자 사상이 유대교의 그것과 다르다면, 이 항목은 요한공동체가 집중적으로 변호해야 할 하나의 항목이 되었을 것이다. A. J. Matill, Jr. "Johannine Communities Behind the Fourth Gospel: Deorg Richter's Analysis", 298.

우리에게 알려 줄 것이라고 언급하는데 이는 그리스도가 계시자로 인식되고 있었다는 점을 시사해 준다. 7장 27절에서는 예루살렘 거주민 중 하나가 그리스도가 올 때는 어디서 오는 줄 알지 못할 것이라고 언급한다. 이는 그리스도가 초자연적 존재라는 인식이 있었다는 점을 시사해 준다.[361] 7장 31절에서는 그리스도는 표적을 행할 수 있는 존재라는 점을 보여 준다. 7장 41절에서 어떤 사람은 그리스도가 어찌 갈릴리에서 나올 수 있느냐고 언급하는데, 이는 그리스도의 출신지가 이미 정해져 있음을 시사해 주고, 42절에서는 그리스도가 다윗의 자손이어야 하며 베들레헴 출신이어야 함을 명시해 준다. 또한 12장 34절에서는 율법은 그리스도가 영원하다는 견해를 제시하고 있다고 진술한다.

위와 같은 그리스도에 대한 전통적인 견해들에 대해서 요한기자는 예수가 바로 그들이 기대하던 그리스도라고 언급한다. 4장 26절에서 요한의 예수는 25절의 사마리아 여인의 발언에 대해서 "네가 말하는 내가 그라"고 명시적으로 언급한다. 7장 27절의 근원이 알려지지 않은 초자연적 존재라는 견해에 대해서 예수는 자신이 아버지께로부터 왔다고 언급한다(7.29). 또한 7장 31절에 언급된 그리스도의 표적 행사 능력에 관해서 요한기자는 예수가 2장에서 물로 포도주를 만드는 이적, 5장에서 베데스다 연못의 병자를 고치는 이적, 9장에서 눈먼 사람의 눈을 뜨게 하는 이적을 행하는 것으로 묘사함으로써 이적 행사자로서의 그리스도의 모습을 충족시키고 있는 것으로 묘사한다.

---

[361] 메시아가 등장하기 전에는 숨겨져 있다는 신념은 저스틴(Justin)의 *Trypho* 8에서 확인된다. 또한 에녹 1서 48장 6절과 에스라 4서 13장 51절 이하에서도 인자는 그 근원이 숨겨져 있다는 점이 확인된다. C. K. Barret, *The Gospel According to St John*, 322.

그러나 그리스도가 베들레헴에서 출생해야 한다는 7장 42절에 표명된 견해에 대해서와 그리스도가 영원히 있어야 한다는 12장 34절에 표명된 견해에 대해서 요한기자는 다른 견해를 제시한다. 먼저 7장 42절에 언급된 그리스도가 베들레헴 출생이어야 한다는 견해에 대해서 요한기자는 이 문제로 말미암아 무리 중에 논쟁이 있었다는 점을 언급하고(43절) 그 둘 중에 예수를 잡고자 하는 자들이 있었으나 손을 대지는 못했다고 언급함으로써(44절) 예수가 베들레헴 출생 항목을 충족시키고 있다는 암시만을 줄 뿐 예수의 베들레헴 출생에 관해서 명시적으로 해명하지는 않는다. 오히려 요한의 예수는 8장 23절에서 "너희는 아래에서 났고 나는 위에서 났으며 너희는 이 세상에 속하였고 나는 이 세상에 속하지 아니하였느니라"고 언급하면서 자신의 육신적 출생을 부정한다. 12장 34절에서 무리가 제시한 그리스도가 영원히 있다는 견해에 대해서도 예수는 인자가 들려야 한다는 반대 견해를 제시한다.

요한기자는 왜 일부 항목들에 대해서는 유대인들의 그리스도에 대한 견해와 일치됨을 보여 주고 다른 항목들에 대해서는 반대된 견해를 보이는 것인가? 이를 DBO 이론을 동원하여 설명하면 다음과 같다. 요한공동체가 유대교로부터 출교당한 사건(O)은 자신들을 배척한 유대사회 그리고 그것을 방관한 로마사회에 더 이상 소속되고 싶지 않다는 열망(D)을 불러일으켰을 것이다. 이러한 열망(D)은 세상에 요한공동체의 그리스도를 묶어 두려는 견해에 대해서 반대의사를 표명하게 만들었을 것이다(A). 그리스도와 관련하여 다른 항목들과 달리 요한기자가 전통적인 그리스도 개념에 반하는 견해를 제시한 출생 항목과 그리스도의 지상에서의 영원성 항목은 모두 그리스도를 세상에 묶어 두려는 시도로 간주할 수 있고, 요한기자는 이를 거절한 것이다. 또한 요한공동체는 자신들이 신의 자녀라는 신념(1.12)(B)이 있었다. 이 신념(B)은 다시 요한공동체의 그리스도를 묶어 두려는 시도를 거절하도록 만들었을 것이다(A). 신의 자녀들의 공동체의 그리스도가 땅에 속할 수는 없었기 때문이다. 이를 그림으로 나타내면 다음과 같다.

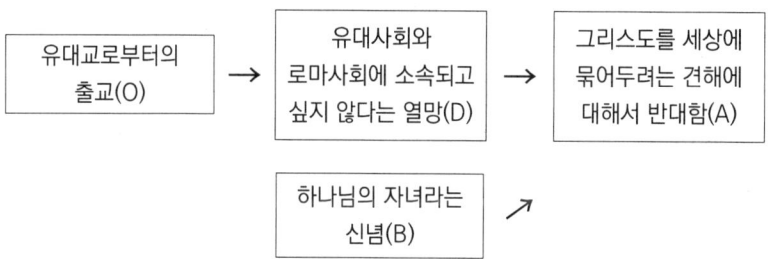

그림 17) 전통적 그리스도 사상에 대한 반대견해 표출

요한기자는 요한복음서에서 그리스도라는 용어를 19번 사용하면서 3번을 세례 요한이 그리스도가 아니라는 것을 진술하는 데 사용하고 있다.[362] 이 점은 위에서 언급한 바와 같이 요한기자가 세례 요한 그룹이 세례 요한을 그리스도의 위치까지 고양시키려는 시도를 차단하고 있음을 암시한다. 그러나 요한기자가 세 번에 걸쳐 세례 요한 그룹의 그리스도론을 제어하려고 시도했다는 점은 그만큼 세례 요한 그룹의 주장과 영향력이 컸다는 것을 반증해 주기도 한다.

한편, 베드로는 예수를 향하여 "주는 그리스도시요 살아 계신 하나님의 아들이시니이다"라고 고백한다(11.27). 요한기자는 20장 31절[363]

---

[362] '그리스도'를 같은 항목에 반복적으로 사용한 것은 이 경우밖에 없다.

[363] "오직 이것을 기록함은 너희로 예수께서 하나님의 아들 그리스도이심을 믿게 하려 함

에서 요한공동체의 구성원들이 모두 예수가 하나님의 아들이고 그리스도임을 믿도록 하기 위해서 요한복음서를 기록하고 있다고 명시한다. 따라서 베드로의 고백은 요한기자가 언급한 요한복음서의 기록 목적과 일치한다. 그렇다면 베드로가 예수를 그리스도로 정확하게 인식하고 있음에도 불구하고 요한기자가 그를 예수를 부인하는 부정적으로 묘사한 것은 무엇 때문인가? 반대로 베드로가 부정적으로 묘사됨에도 불구하고 요한기자가 그의 고백을 요한복음서의 기록 목적과 일치시킨 것은 무엇 때문인가? 먼저 첫 번째 문제에 대한 해답은 9장 22절에서 찾을 수 있다. 요한기자는 눈먼 사람의 부모가 바리새인들의 질문에 대해서 답변의 권한을 자신들의 아들에게 넘긴 이유를 "누구든지 예수를 시인하는 자는 출교하기로 결의하였으므로 그들을 무서워함이러라(9.22)"고 설명한다. 즉 예수를 그리스도로 시인하는 것에는 사회적 불이익이 수반되고, 누구든지 예수를 그리스도로 시인하는 사람은 그 불이익을 감수해야 한다는 것이다. 따라서 요한기자의 이러한 견해에 비추어 보면 베드로가 예수를 그리스도로 고백한 것은 참된 고백이 아니다. 그는 예수를 세 번 부인한 자로서 예수로 인한 불이익을 회피한 자였기 때문이다. 요컨대, 베드로가 예수를 그리스도라고 정확히 고백했음에도 불구하고 요한기자가 베드로를 부정적으로 묘사한 것은 그리스도 고백에 수반되는 사회적 불이익을 베드로가 감수하지 않았기 때문이다.

반면에 요한기자는 눈먼 사람이 만난 예수에 대하여서 그리스도라

이요(20.31)" 이 구절은 요한복음서 기원의 첫 번째 단계를 나타내 준다는 의미에서 "기초문서(Grundschift)"라고 불린다. A. J. Maill, Jr., "Johannine Communities Behind the Fourth Gospel: Georg Richter's Analysis", 298.

는 용어를 사용하지 않고 '인자'라는 용어를 사용한다(9.35). 그리고 그는 예수가 누구인지 처음에는 알아보는 것조차 못한다(9.36). 그러나 그는 예수를 변호하다가 바리새인들로부터 불이익을 당한다(9.34). 눈 멀었던 사람은 예수가 누구인지에 대한 이해조차 형성되지 않은 자였지만 그는 바리새인들로부터 예수를 변호했고 그들로부터 배척을 당한다. 이로 보건대, 요한기자에게 있어서 그리스도 고백은 말로써 행해지는 것이 아니라 행동으로 행해지는 것이다. 즉 예수를 그리스도로 시인하는 것으로 인한 불이익을 감수하는 것 그것이 예수를 그리스도로 시인하는 것이다. 요한기자가 눈멀었던 사람에 대하여 직접적으로 그가 예수를 그리스도로 시인한 것으로 묘사하지 않지만 그는 이미 행동으로 예수를 그리스도라고 시인했고 그로 인한 사회적 불이익을 감수했다. 따라서 그는 요한기자에 의해서, 그것도 유대교를 상징하는 바리새인들에 의해서 예수의 제자라는 칭호까지 부여받게 된다.

그렇다면 베드로가 부정적으로 묘사됨에도 불구하고 요한기자가 그의 고백을 요한복음서의 기록 목적과 일치시킨 것은 무엇 때문인가? 그것은 아마도 여전히 유대교 내에 있는 요한공동체의 그룹 구성원들에 대하여 사회적 불이익을 기꺼이 감수하도록 하기 위해서일 것이다. 베드로는 말로써 예수가 그리스도라고 고백했다. 유대교 내에 있는 요한공동체의 잔류 그룹들도 말로는 예수가 그리스도라고 시인하는 자들이다. 그러나 그들의 결정적인 약점은 예수를 그리스도로 시인하는 것으로 인한 사회적 불이익을 감수하고자 하지 않는다는 것이다. 베드로가 예수를 그리스도라고 고백했음에도 불구하고 부정적으로 묘사되었다는 점은 유대교 내의 요한공동체 잔류 그룹이 비록 예수를 그리스도라고 고백했다 할지라도 그들의 고백이 참되지 않다는 것을 선언함과 동시에 그리스도 고백으로 인한 불이익을 기꺼이 감수하라는 촉구의 메시지를 담고 있는 것이다.

2. 그리스도론과 예배

요한기자는 9장에서 눈멀었던 사람은 예수에 대한 인식이 확장되는 것으로 묘사한다. 눈멀었던 사람은 눈을 뜨게 된 후에 이웃들에게 예수에 대해서 "예수라 하는 그 사람(9.12)"이라는 명칭을 사용한다. 요한기자가 묘사한 눈멀었던 사람은 시력을 회복하고 난 이후 예수에 대한 정보가 거의 없었던 것이다. 그러나 요한기자는 28절에서 바리새인들의 입을 통하여 "너는 그의 제자"라고 언급함으로써 눈멀었던 사람이 예수의 영향력 아래 있는 제자 중 하나로 묘사한다. 또한 31절에서는 눈멀었던 사람은 예수에 대하여 "경건하여 그의 뜻대로 행하는 자"로 평가하고, 33절에서는 예수가 하나님께로부터 온 자라는 점을 언급한다. 눈멀었던 사람과 예수의 사이가 가까워지고 그의 예수에 대한 인식이 확장된 것이다. 그리고 37절에서는 예수가 인자임을 눈멀었던 사람에게 알리고 눈멀었던 사람은 예수를 '주'로 호칭한 후 믿는다고 고백하고, 마지막으로 예수에게 절을 한다.

눈멀었던 사람이 예수에게 절하는 것은 경배를 상징하는 것으로 간주할 수 있다.[364] 요한복음서에서 누군가 예수에게 절하는 행위는 9장의 눈먼 사람 이야기에만 등장한다. 눈멀었던 사람의 예수에 대한 인식의 확장의 최종 단계가 예수에 대한 경배라는 점은 요한공동체에게 예수는 그리스도이고 경배의 대상에까지 고양되어 있음을 보여 준다.[365]

---

364) John Painter, *The Quest for the Messiah; The History, Literature and Theology of the Johannine Community*, 315.

365) 온(David E. Aune)은 요한공동체의 예배가 고양되고 살아 있는 예수에 대한 현재적 경험을 제공한다고 언급한다. 그에 따르면 요한공동체의 예배는 고양된 예수와 신앙

요한기자가 예수를 경배의 대상에까지 고양시킨 이유를 살피기 위하여, 먼저 예배에 대하여 명시적으로 언급하고 있는 다른 구절들을 살펴보도록 하자.

요한복음서에서는 예배라는 용어가 6번 등장하는데(4.20,21,22,23,24; 12.20) 그중 5번이 예수가 사마리아 여인과 예배에 대해서 이야기하는 장면에서만 사용된다.[366] 왜 요한의 예수는 사마리아 그룹을 상징하는 사마리아 여인과 더불어 예배에 관한 논의를 벌이고 있는가?

22절에서 요한의 예수는 사마리아 여인을 향해 "너희는 알지 못하는 것을 예배하고 우리는 아는 것을 예배하노니"라고 언급한다. 요한의 예수는 사마리아 그룹이 예배의 대상인 하나님에 대해 정확한 지식을 갖고 있지 못하다고 언급하고[367], 반대로 요한공동체는 하나님에 대한 정확한 지식을 알고 예배한다고 선언하고 있는 것이다. 이는 요한공동체의 하나님에 대한 지식이 사마리아 그룹의 그것보다 우월하다는 점을

공동체 사이에 교감과 의사소통을 제공한다. David E. Aune, *The Cultic Setting of Realised Eschatology in Early Christianity*(Leiden: E. J. Brill, 1973), 100-101.

366) 본 논문에서는 눈먼 사람의 예수에 대한 경배와 예수와 사마리아 여인 사이의 예배에 관한 대화에 관심을 두고 있는 반면, 온은 요한복음서 자체가 요한공동체의 예배라는 정황에서 산출된 작품으로 간주한다. 따라서 그는 요한복음서의 중심주제가 기독론이고 이 기독론이 계시론, 구원론, 종말론, 인간론, 교회론에 영향을 준다고 언급하고 있다. 그러나 이러한 온의 주장은 요한공동체에서 행해지고 있는 예배 자체에만 집중할 뿐 본문에 드러난 요한공동체와 유대교 사이의 갈등이라는 정황을 반영하지는 못한다. 이러한 관점은 요한기자가 제시한 예배의 의미를 부분적으로만 이해하도록 하거나 왜곡시킬 우려가 있다. *Ibid.*, 45-135.

367) Rudolf Schnackenburg, *The Gospel According to St John Vol 1. Introduction and Commentary on Chapters 1-4*, 435.

언급함으로써, 사마리아 그룹을 제어하려는 시도로 보인다. 사마리아 여인이 20절에서 예배할 장소에 대해서도 언급하고 요한의 예수는 이에 대해서 사마리아 여인의 견해를 부정하면서 아버지께 예배할 때가 이르리라고 언급하는 것을 고려하면, 사마리아 그룹이 자신들의 예배 전통을 요한공동체로의 편입 후에 상당히 강하게 주장하려 했고 요한기자는 이를 통제하려고 시도했던 것으로 보인다.

요한기자는 사마리아 그룹의 예배 중에 어떤 부분을 문제 삼고 있는 것일까? 요한기자가 지적하고 있는 사마리아 그룹의 예배의 문제점은 하나님에 대한 부정확한 지식(4.22)이다. 즉 눈멀었던 사람의 예수에 대한 인식이 확장되어 예수를 경배했던 것과는 달리 사마리아 그룹은 하나님에 대해 인식이 요한공동체의 그것과 상이하거나 그것에 못 미친 상태에서 예배하려 했던 것으로 보인다. 요한공동체의 하나님은 홀로인 하나님 아니고 말씀인 예수와 함께한 하나님이고(1.1), 그 말씀이 곧 하나님이다(1.1). 그러나 사마리아 그룹은 이러한 요한공동체의 하나님 인식에 못 미쳐 있었기 때문에, 다시 말하면 그리스도로서의 예수에 대한 인식이 형성되어 있지 않았기 때문에 요한기자는 사마리아 그룹의 예배를 제어하려고 했던 것이다.

요한기자가 사마리아 그룹의 예배를 제어하려고 했던 것이 그리스도론과 관련되었다는 것은 22c "이는 구원이 유대인에게서 남이라"라는 구절이 뒷받침해 준다. 이 구절에 대해서 헨헨은 다음과 같이 주장한다.

> 요한복음서에서 유대인들은 대체로 불신앙의 세계를 대표한다. 22절은 그러므로 후기의 수정, 즉 교회적 편집이다. 물론 이런 편집이 없이 요한복음은 결코 널리 퍼지지 못했을 것이다.[368]

---

368) Ernst Haenchen, *John 1*, 222.

헨헨은 구원이 유대인으로부터 왔다는 것이 후대의 편집이라는 것이다. 그러나 슈나켄부르크는 이 구절에 대해서 다음과 같이 언급한다.

> 유대인들은 합법적인 하나님 경배자들이고, '구원' 즉 메시아는 유대인들로부터 출생했다. 요한복음서의 "반유대적" 특징에도 불구하고 이 개념을 별로 놀랍지 않다. 유대인들의 제도나 역사적 특징들을 언급할 때 요한복음서는 '유대인들'을 중립적 의미로 사용했다.[369]

22절에서 유대인이라는 단어가 사마리아 그룹과의 대조 정황에서 사용되었다는 점을 고려하면, 후대의 수정이라는 헨헨의 주장보다는 불신앙의 세상을 상징하는 유대인의 개념이 아니라 중립적으로 사용했다는 슈나켄부르크의 주장이 더 정당하다. 요한기자는 자신들의 예배가 하나님에 대해 정확한 지식을 갖은 예배라고 주장할 수 있는 근거로 구원 즉 그리스도가 사마리아인들과 대조되는 구분인 유대인들로부터 났다는 점을 제시한다. 다시 말하면 요한공동체의 예배가 사마리아 그룹의 예배보다 우월한 이유는 하나님에 대한 더 정확한 이해를 가지고 있기 때문이다. 하나님에 대한 더 정확한 이해는 유대인으로부터 출생한 그리스도에 대한 이해를 포함한다.

예수가 사마리아 여인과의 대화에서 언급한 예배와 눈멀었던 사람이 예수께 한 경배는 모두 예수에 대한 그리스도론적 이해를 전제로 한다. 두 경우 모두 예수에 대한 그리스도론적 이해를 기초로 하고 있다는 것이다. 그렇다면 이미 질문한 바와 같이 왜 요한기자는 예수를 그리스도라고 규정하는 데 머무르지 않고 예배 혹은 경배의 대상으로까

---

369) Robert Schnackenburg, *The Gospel According to St John vol. 1*, 430.

지 끌어올리고 있는가? 이를 DBO 이론을 통해 살펴보면 다음과 같다. 요한공동체는 예수를 그리스도로 시인한 것 때문에 유대교로부터의 출교를 경험하였다. 예수를 그리스도를 시인한 것에 대한 비싼 대가를 치른 것이다. 요한공동체가 예수를 그리스도로 시인한 것에 대한 대가가 유대교로부터의 출교인지를 미리 알고 의도적으로 예수의 그리스도 됨을 고백했는지, 예상하지 못한 채 시인했다가 뜻밖의 출교를 당했는지 알 수 없으나, 그들이 유대교로부터 출교당한 것은 한 사회로부터의 배척을 당한 것이기 때문에 큰 대가를 치렀다고 할 수 있다. 따라서 요한공동체는 유대교로부터의 출교(O)를 경험한 후 예수가 그리스도 됨이 그들이 당한 출교에 상응한 가치가 있기를 열망했을 것이다(D). 만일 그들이 출교당한 것이 예수의 그리스도 됨을 시인하는 것에 대한 과도한 대가를 치른 것이었다면 요한공동체는 자신의 지난 행동을 후회했을 수도 있다. 따라서 그들은 예수의 그리스도 됨이 그들이 당한 출교에 상응한 가치가 있기를 열망했을 것이고(D), 이 열망이 예수 그리스도를 그들의 예배와 경배의 대상으로까지 고양시켰을 것이다(A). 또한 요한공동체가 가지고 있었던 "말씀은 곧 하나님이라(1.1)"는 신념 즉 예수 그리스도는 곧 하나님이라는 신념(B)은 하나님과 마찬가지로 예수를 경배와 예배의 대상으로 설정하게 했을 것이다(A). 이를 그림으로 나타내면 다음과 같다.

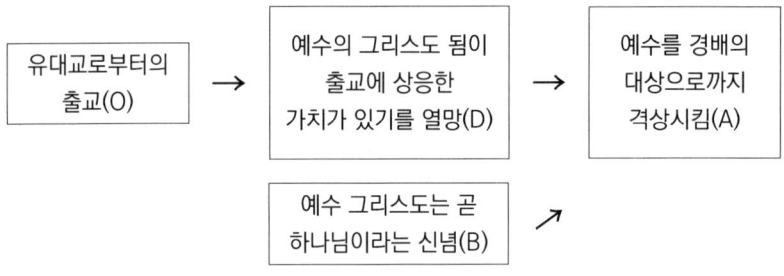

그림 18) 예수를 경배의 대상으로 격상시킴

3. 그리스도 논쟁과 요한공동체의 신학적 해명

유대교는 왜 요한공동체가 예수를 그리스도로 시인하는 것을 빌미로 그들을 출교시켰는가? 요한공동체는 왜 예수 그리스도를 경배의 대상으로까지 격상시키고 있는가? 이 질문들에 대해서 1.2절에서 부분적으로 해답을 제시했는데, 유대교가 요한공동체의 그리스도 고백을 문제 삼는 것과 반대로 요한공동체가 그리스도를 경배의 대상으로 격상시키는 것은 유대교와 요한공동체 사이에 그리스도에 관한 논쟁의 정황을 전제하고 있기 때문일 것으로 추정할 수 있다.[370]

이 논쟁에 대하여 브라운은 요한공동체와 유대교의 그리스도 논쟁이 사마리아 그룹의 유입으로 수용된 요한공동체의 고기독론 때문에 촉발되었다 주장한다. 예수를 하나님과 동등한 위치에 올려놓는 것은 유대인들에게는 마치 제2의 신을 선포하는 것처럼 보였을 것이란 주장이다.[371] 이와 달리, 마틴은 요한공동체의 모세 예언자적 메시아(Mosaic Prophet-Messiah)가 유대교의 다윗적 메시아(Davidic Messiah)에 의해서 수용되지 못했을 것이라고 주장한다. 다윗적 메시아는 표적을

---

370) 마틸은 요한공동체가 팔레스틴 북부 지역인 시리아와 동부 요르단에 정착했고, 모세적 메시아를 기대했던 디아스포라 유대교로부터 출교당하였으며 그들과 예수의 메시아직에 관하여 갈등이 있었다고 지적한다. A. J. Mattill, Jr., "Johannine Communities Behind the Fourth Gospel Gerog Richter's Analysis", 297. 스미스는 요한공동체의 기독론이 유대교의 메시아사상을 넘어서 유일신론을 위협했기 때문에 출교의 상황에 직면했다고 주장하면서, 요한공동체와 유대교 사이의 이 항목에 관한 갈등을 언급하고 있다. D. Moody Smith, "The Life Setting of the Gospel of John", 439. David K. Rensberger, "The Gospel of John and Liberation", 165-66.

371) R. E. Brown, *The Community of the Beloved Disciple*, 56-57.

행할 수 없는데, 요한공동체의 메시아는 표적을 행하므로 모세 예언자적 메시아에 가깝다는 것이다.[372] 한편 서중석은 저기독론과 고기독론이 태동의 본래적 산물이라고 주장한다.

> 자신들의 천상적 기원에 관한 몇몇 믿는 자들의 자기의식과 그들의 지상적 제한이 고기독론과 저기독론을 동시에 형성시켰고, 바로 그 이중 기독론의 공유가 요한공동체의 태동그룹을 배태시켰다는 것이다… 태동그룹은 처음부터 나중까지 저기독론뿐만 아니라 고기독론도 간직한 통일된 그룹이었다.[373]

'추방' 그 자체가 고기독론을 반영하고 있지 않다는 점[374]과 선재기독론이 자신들이 천상적 기원을 가지고 있다는 확신을 반영한다는 점[375]을 고려한다면, 서중석의 위와 같은 견해는 마틴과 브라운의 것을 넘어서는 것이다. 요한공동체의 태동 당시부터 요한공동체가 소유했던 저기독론과 고기독론 중 고기독론은 유대교를 자극했고 이로 인해 요한

---

372) J. L. Martyn, *Hostory and Theology in the Fourth Gospel*, 111.

373) 서중석, 『복음서의 예수와 공동체의 형태』 (서울: 이레서원, 2007), 176-77.

374) *Ibid.*, 175.

375) *Ibid.*, 176.

공동체는 유대교와 논쟁을 벌이고 있으며 출교[376]를 경험하게 된다.[377]

유대교가 요한공동체를 출교시킨 이유를 DBO 이론을 통해 분석해 보면 다음과 같다. 예수의 그리스도 됨에 대한 요한공동체의 주장 중 유대교를 자극한 것은 예수가 하나님의 아들이라는 주장이었다(O).[378] 예수를 하나님이 아들 즉 신의 자리에 올려놓는 것은 유대교로 하여금 예수를 신의 자리에서 끌어내려야 한다는 열망(D)을 불러일으켰을 것이고, 그 열망이 예수를 그리스도로 인정하지 않도록 했을 것이다(A). 또한 유대인들에게는 하나님은 유일하신 하나님이라는 신념(B)이 있었다. 이러한 신념은 예수를 하나님의 아들인 그리스도로 인정하는 요한공동체의 주장을 거절하도록 만들었을 것이다(A). 이를 그림으로 정리하면 다음과 같다.

---

[376] 요한공동체가 출교 이후 직면하게 된 사회적 불이익을 렌스버거는 다음과 같이 언급한다.

"추방당한 크리스천들은 자신들에게 정체성을 주고 그들의 삶을 구성하게 했던 많은 것들로부터 단절되었다. 이것은 사회적 단절, 가족, 친구들과의 연대성의 상실을 의미한다. 이는 또한 종교적 혼란을 의미한다. 회당의 모임, 공중 예배, 축제, 관습들이 모두 그들을 거절했고, 성서에 대한 권위 있는 해석도 적대자들의 손에 넘어갔다."

David K. Rensberger, "The Gospel of John and Liberation", 166.

[377] 믹스(W. Meeks)는 요한공동체의 기독론적 요구가 결국은 회당으로부터 출교를 당하게 만들었으며, 이 출교가 상승하강 모티프를 발전시켰고, 요한공동체의 고립을 가속화시켰다고 주장한다. W. Meeks, "The Man from Heaven in Johannine Sectarianism", *JBL* 91(1972), 44-72, 특히 70-72.

[378] 서중석, 『복음서의 예수와 공동체의 형태』 (서울: 이레서원, 2007), 177. R. E. Brown, *The Community of the Beloved Disciple*, 43-47. A. J. Mattill, Jr., "Johannine Communities Behind the Fourth Gospel Gerog Richter's Analysis", 302. 9장 22절은 예수를 그리스로 시인하는 것이 출교의 원인인 것으로 묘사하는데, 이는 요한공동체가 유대교 내에 속해 있었을 때 이미 고기독론이 형성되었다는 점을 시사해 준다.

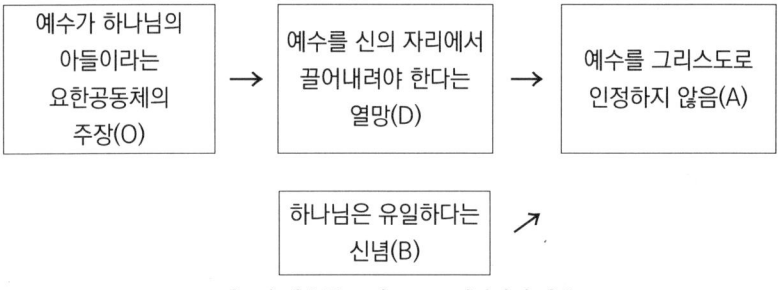

그림 19) 예수를 그리스도로 인정하지 않음

　유대교가 예수를 그리스도로 인정하지 않고, 예수를 그리스도로 시인하는 자들에 대한 출교를 감행하자 요한공동체는 2절에서와 같이 예수를 오히려 예배의 대상으로 격상시키며 유대교와 논쟁을 벌이고 있는 것이다.
　유대교는 요한공동체를 출교하고 난 후에 공동체에 어떤 결과가 나타났을까? 헤드스트룀은 행위자들이 그 이웃에 다음의 표와 같이 영향을 받는다는 점을 지적했다.

	A_1	
A_2	E	A_3
	A_4	

그림 20) 자아(Ego)와 개조자(Alter) 사이의 사회적 상호작용의 구조[379]

　만일 유대교의 구성원들이 예수를 그리스도라고 시인하는 사람들과 이웃 관계를 형성하게 된다면 유대교의 구성원들의 신념이 변하게 될

---

379) *Ibid.*, 80.

것이다. 그들의 열망 또한 이웃의 영향을 받는다. 따라서 유대교가 예수를 그리스도로 시인하는 요한공동체를 출교시켜 버린 것은 유대교의 구성원들에게 영향을 줄 수 있는 이웃들을 공식적으로 제거해 버린 효과 즉 유대교 구성원들이 더 이상 요한공동체의 그리스도론에 자신의 신념과 열망을 일치시키지 않는 결과를 가져왔을 것이고, 공동체는 안정되었을 것이다.

또한 헤드스트룀이 제시한 다음 그래프의 비효과의 선은 예수를 그리스도라고 공개적으로 시인하는 것을 금지한 유대교의 결정이 유대교 내에서 얼마나 효과적이었는지를 짐작할 수 있게 한다.

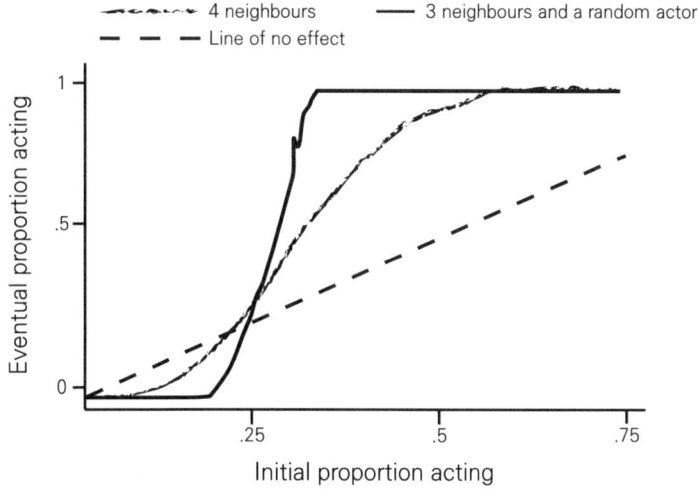

그래프 3) 독립적 그리고 비독립적 의사결정에서 기대되는 거시적 수준의 유형[380]

이 그래프는 시작 단계의 행동의 비율과 다른 사람과의 상호작용 이

---
380) *Ibid.*, 86.

후의 행동의 비율의 관계를 나타낸다. '비효과의 선'은 초기의 비율이 결과적으로 행동한 비율과 동일한 것을 나타낸다. 네 명의 이웃이 있는 구조는 초기의 조건과 마지막 결과가 유연하고 점진적인 관계를 보여준다. 그러나 세 명의 이웃이 있는 구조는 행위자가 20% 미만인 경우에는 아무도 움직이지 않고 35% 이상이 되면 모든 구성원이 다 움직이는 것으로 나타난다.

이 그래프의 분석을 유대교의 그리스도 시인 금지에 적용해 보면 다음과 같다. 유대교는 구성원들에 영향을 줄 수 있는 구성원들에게 출교를 단행하였다. 또한 예수를 그리스도라고 시인하는 것을 금지하였다. 출교는 공동체에 영향을 줄 수 있는 구성원을 적출해 낸 것이고, 예수를 그리스도로 시인하는 것을 금지한 것은 영향을 줄 수 있는 통로를 차단한 것이다. 곧 한 구성원에게 영향을 줄 수 있는 이웃의 숫자를 감소시키도록 장치한 것이다. 또한 영향을 줄 수 있는 이웃의 상당수는 출교를 당하였다. 그렇다면 헤드스트룀이 제시한 결과 즉 영향을 줄 수 있는 이웃의 숫자를 세 명으로 제한했을 때 행위자가 20% 미만일 경우 아무도 움직이지 않았다는 결과는 유대교가 요한공동체의 구성원을 출교시키는 조치를 한 이후에 행위자가 아무도 없었을 것으로 즉 추가 출교자가 발생하기는 어려웠을 것으로 추정해 볼 수 있다.

한편 요한공동체의 입장에서 그들의 유대교로부터의 이탈은 의도적인 것이었는가 아니면 유대교에 의한 타의적인 것이었는가? 또한 요한공동체는 출교 이전에 예수에 대한 신앙을 가졌던 구성원들이 실제로 출교를 당한 비율은 어느 정도나 되었는가?

헤드스트룀은 이탈은 DBA 트리플렛에서 〈1.0.0〉으로 정의할 수 있는데, 이는 행위자가 열망은 가지고 있으나 그 열망이 긍정적인 결과를 가져오지 않을 것이라는 신념 때문에 행동을 포기하는 것이라고 주장한다. 그의 연구 결과에서 처음에는 대략 4명의 구성원 중의 한 명이 이탈자였다. 그러나 상호작용은 이탈자의 비율을 감소시켰으나 새로운 구성원의 출현으로 그 비율이 다시 증가하였다가 그들과의 상호작용 이후에는 다시 감소하는 결과를 보였다.[381] 그러나 바람이 담긴 생각(Wishful thinking)은 구성원의 열망을 그가 바라는 것이 이루어질 것이라고 믿는 신념과 임의적으로 연결시키는 것이다. DBA 트리플렛에서 보면 바람이 담긴 생각은 〈1.0.0〉이 〈1.1.0〉으로 변형되는 것을 가리킨다. 이 유형은 〈1.1.1〉로 확정적이지는 않으나 변화될 가능성을 가지고 있다. 바람이 담긴 생각은 보다 많은 행동을 유발하고 보다 적은 이탈현상을 보인다.[382]

 요한공동체를 상징하는 눈멀었던 사람이 9장에서 바리새인들에 대해서 발언하는 태도와 내용은 출교 이전의 요한공동체가 출교에 대한 "바람이 담긴 생각"을 가지고 있었음을 추정하게 한다. 26절에서 바리새인들이 예수가 어떻게 눈먼 사람의 눈을 뜨게 하였는가라고 질문하자 27절에서 눈멀었던 사람은 "내가 이미 일렀어도 듣지 아니하고 어찌하여 다시 듣고자 하나이까 당신들도 그의 제자가 되려 하나이까"라고 답변하고, 28절에서 바리새인들은 눈먼 사람을 향하여 욕하는 것으로 묘사된다. 출교의 권한을 가지고 있는 지도자들을 향해서 정면 대결을 하는 것은 요한공동체가 이미 출교에 대한 "바람이 담긴 생각"을 가

---

381) *Ibid.*, 81-82.

382) *Ibid.*, 83.

지고 있었음을 시사해 준다.[383] 그들은 출교를 열망하고 있었으며 그것이 결국 이루어질 것이라는 신념이 강하게 작용했던 것으로 보인다.[384]

---

[383] 모리슨(Craig E. Morrison)에 따르면, 요한기자에게 있어서 '때(hour)'는 '고통'이라는 특징을 가지고 있다. 2장 4절에서 "나의 때"라고 요한의 예수가 언급한 것은 그의 죽음이라는 고통을 염두에 둔 것이다. 요한기자의 이런 사고 특징은 요한공동체가 유대교 내에 있을 때, 출교라는 고통을 상황을 염두에 두고 행동했을 가능성을 지원해 준다. Craig E. Morrison, "'The Hour of Distress' in Targum Neofiti and the 'Hour' in the Gospel of John", 599.

[384] 더글라스도 요한공동체가 유대교로부터의 출교 이전에 전통적인 규범에 대항함으로써 자신들의 신념을 명확히 표시했다는 점을 지적한다.

> "요한공동체는 자신들이 전통적인 그룹의 규범들에 전적으로 대항하도록 스스로 구덩이를 파는 것으로 인식한 신념의 형태를 명확하게 보여 준다. 요한공동체는 이전의 그룹과의 경험과 기대 사이에서 합의점들을 점점 더 발견하지 못했다."

더글라스는 상위 그룹과 하위 그룹을 구분한 뒤, 상위 그룹의 하위 그룹에 대한 영향력을 나타내는 가로축과 하위 그룹의 경험과 상위 그룹의 기대 사이의 관계를 나타내는 세로축을 설정해서 두 그룹의 상관관계를 분석하였다. 그의 분석에 따르면 유대교에 위치했던 초기의 요한공동체는 유대교의 간섭은 덜 받고 유대교를 변화시키고자 하는 "강력한 그룹"이었으나 요한공동체의 경험과 유대교의 기대 사이의 상관관계 수준이 낮았다고 주장한다. 이를 그래프로 나타내면 다음과 같다.

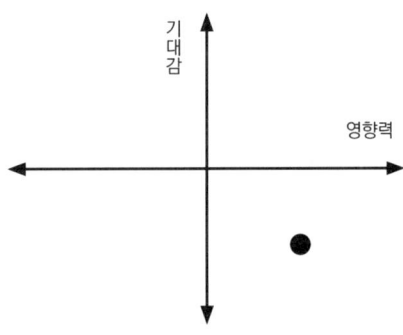

따라서 요한공동체가 유대교로부터 출교를 당했을 때 그들의 신앙 즉 예수는 그리스도라는 믿음을 숨기거나 버리는 이탈자들이 많지는 않았을 것으로 추정할 수 있다.

한편 앨링헴이 제시하는 도박과 보험의 그래프는 요한공동체가 출

그러나 그는 유대교를 변화시키고자 하는 요한공동체의 시도는 유대교로 하여금 요한공동체에 압력을 가하도록 만들었고, 요한공동체는 변화의지가 약화된 "약한 그룹"으로 변하였고, 두 공동체 사이의 상관관계 수준은 여전히 낮았다고 주장한다. 이를 그래프로 나타내면 다음과 같다.

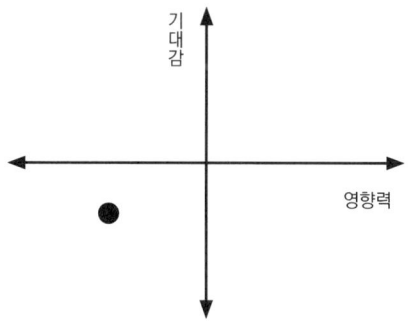

그는 하위 그룹의 의지가 약해지고 상관관계 수준이 저하된 상황이라면, 요한공동체가 유대교에 대항하고자 하는 신념을 강하게 표방하였을 것이라고 추정한다. Mary Douglas, *Natural Symbols* (New York: Pantheon, 1982), 54-64.

라인하르츠(Adele Reinhartz)는 12장 11절을 근거로 요한공동체가 출교당한 것이 아니라 유대교로부터의 이탈을 스스로 선택했다고 주장한다. 나사로 때문에 많은 유대인들이 예수를 믿었다는 표현이 요한공동체의 자발적 유대교 이탈을 상징한다는 것이다. 그러나 예수를 믿었다는 표현이 반드시 유대교로부터의 이탈을 의미한다고 볼 수는 없다. 즉 예수를 믿었다는 표현이 유대교 내에서 요한공동체가 형성되었다는 점을 상징하는 것으로 받아들일 수도 있기 때문이다. 오히려 9장 22절에서 예수를 그리스도로 시인하는 자는 출교하기로 유대인들이 결의했다는 언급을 고려하면 12.11이 유대교 내에서 요한공동체의 형성을 가리키는 것으로 간주하는 것이 자연스러워 보인다. Colleen M. Conway, "The Production of the Johannine Community: A New Historicist Perspective", 490.

교에 대한 열망과 신념하에서 결국 출교당함을 선택함으로써 발생하는 득실을 분석할 수 있는 도구를 제공해 준다. 어떤 사람의 경제적 수준이 A에 있을 경우 도박을 하는 이유는 만일 돈을 잃는다고 할지라도 그 양이 적고(B), 만일 수익을 낸다면 크게 수익(C)을 낼 수 있기 때문이라는 것이다. 또 어떤 사람이 보험에 가입하는 이유는 보험에 들지 않을 경우 얻을 수 있는 수익은 적지만(E), 손실(D)은 크기 때문이라는 것이다.[385] 이를 그래프로 나타내면 다음과 같다.

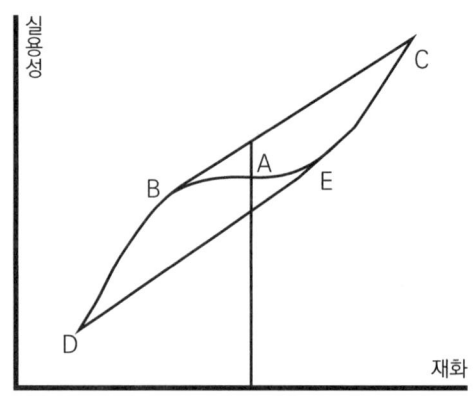

그래프 4) 도박과 보험의 선택[386]

요한공동체가 출교를 선택한 것은 무엇인가를 적게 잃을 수 있으나(B), 무엇인가는 크게 얻을 수 있었기 때문일 것이다(C). 만일 출교를 하지 않을 경우 무엇인가를 더 얻을 수(E)는 있겠지만 자칫하면 무엇인가에 크게 손실(D)을 입을 수도 있었기 때문일 것이다.

요한공동체가 출교를 선택할 경우 잃을 수 있는 것은 아마도 유대교

---

385) Michael Allingham, *Choice Theory-A Very Short Introduction*, 60-61.

386) *Ibid.*, 61.

의 구성원으로서의 혜택일 것이다(B). 유대인들은 유대교라는 울타리 안에 소속되어 있음으로 인해서 로마의 통제로부터 부분적으로 자유로울 수 있었다. 반대로 출교를 선택하지 않음으로써 얻을 수 있는 것도 역시 유대교의 구성원으로서의 계속된 혜택(E)일 것이다. 그렇다면 출교를 선택함으로써 얻을 수 있는 가장 큰 이득은 무엇인가? 그것은 아마도 자신들이 천상적 존재라는 확증일 것이다.(C). 요한복음 1장 12절은 요한공동체를 하나님의 자녀로 규정하는데, 그 조건으로 예수에 대한 믿음을 전제한다. 예수에 대한 믿음의 실체는 즉 예수가 그리스도라는 믿음을 가리키고 이것이 자신들의 천상적 지위의 전제가 된다. 따라서 요한공동체는 출교를 감수함으로써 자신들의 천상적 지위에 대한 확증을 얻을 수 있었을 것이다. 반대로 요한공동체가 유대교에 남아 있었다면 입게 될 가장 큰 손일은 아마도 공동체의 붕괴였을 것이다(D). 예수가 그리스도라는 믿음을 포기하는 것은 곧 자신들의 천상적 지위를 포기하는 것이고 이는 곧 요한공동체의 신념의 핵심 사항을 포기하는 것이었으므로 요한공동체의 붕괴로 이어졌을 것이다.

　요한공동체가 유대교와의 그리스도 논쟁을 통하여 궁극적으로 얻고자 한 바는 무엇이었는가? 블라우, 호만스, 에머슨은 공통적으로 교환의 불평등이 힘의 근원이라고 보았다.[387] 유대교에게 하나님은 유일하시다는 신념이 있었다. 요한공동체가 유대교로부터 출교되어 나오면서 유대교의 유일신 하나님에게만 의존하는 것은 즉 자신들이 출교당한 주요한 이유인 그리스도를 강조하지 않는 것은 결국 그들의 신학이 유대교에 의존하게 되는 결과를 지속하는 것이다. 따라서 요한공동체는 유

---

387) Peter Blau, *Exchange and Power*, 100.

대교로부터 신학적으로 독립하고 차별성을 확보하기 위하여 독자적인 신학을 정립하고 그것의 정당성을 확보할 필요가 있었을 것이다. 요한 공동체는 출교라는 독립 작업을 진행하면서 신학에 있어서도 독립해야 했기 때문에 예수를 하나님으로까지 고양시키고 그것이 정당함을 보이고 있는 것이다.

에필로그

    선택이론, DBO 이론, 상징적 상호작용 이론 등의 사회학적 이론들을 동원하여 요한복음 9장의 죄 논쟁, 제자직 논쟁, 그리스도 논쟁에 관하여 살펴보았다.

    먼저, 요한기자는 죄 논쟁을 통하여 오히려 유대교를 죄인들의 공동체로 규정함으로써 요한공동체의 죄책감의 문제를 해결하려 하였다. 또한 요한기자는 예수를 심판자로 내세우면서 유대교와 로마의 권위자들을 심판하려 하는데 이는 내부적으로는 긍정적 자기 인식을 소유하고자 하는 열망과 유대교와 로마 권위자들에 대한 우월성을 확보하고자 하는 열망으로부터 기인한 것이다. 요한공동체는 유대교와의 죄 논쟁을 통하여 유대교로부터 출교당하면서 얻었던 '죄인들의 공동체'라는 오명을 씻고자 했다. 그리고 자신들이 예수를 그리스도로 시인한 것이 정당한 것이고 오히려 자신들이 '의인들의 공동체'이며 오히려 유대교가 '죄인들의 공동체'라고 주장함으로써 출교의 정당성을 확보하려고 했다.

    둘째, 요한공동체는 유대교와 제자직에 관하여도 논쟁을 벌였다. 요한공동체는 자신들이 예수의 제자임을 표명하고, 유대교는 자신들이 모세의 제자임을 표명했다. 또한 각 공동체는 예수와 모세를 자신들이 교사로 설정하고 있다. 요한기자는 여러 제자들 중에 사랑하시는 제자와 눈멀었던 사람을 가장 긍정적으로 묘사하는데 그들은 공동적으로 예수의 고난에 동참한 자들이었다. 이는 요한공동체의 제자상은 고난에 동참하는 제자가 참제자라는 점을 시사해 준다. 또한 요한기자는 예수가 모세보다 우월한 것으로 묘사하고 있는데, 이는 유대교의 교사를 요한공동체의 교사의 아래에 둠으로써 유대교에 대한 요한공동체의 우월성을 입증하려는 시도로 보인다. 요한기자는 이 제자직 논쟁을 통하여 출교라는 고난을 경험한 요한공동체가 사랑하시는 제자와 눈멀었던 제자처럼 예수의 참제자라는 점을 역설함으로써 요한공동체의 정체성 확립에 기여하려고 했던 것으로 보인다.

셋째, 요한공동체는 유대교와 그리스도론에 관하여도 논쟁을 벌였다. 요한복음서에는 예수의 메시아 됨을 지칭하는 다양한 용어들이 등장한다. 로고스는 예수의 선재성을 강조하기 위해 채택된 용어이고, '뒤에 오시는 이'는 세례 요한그룹이 세례 요한을 메시아로 높이려는 시도를 차단시키기 위해 사용되었다. 또한 '하나님의 아들', '아들', '이스라엘의 임금', '인자' 등의 용어가 사용되었고, '그리스도'라는 직접적인 용어도 사용되었다. 요한기자는 예수를 경배의 대상으로까지 격상시킨다. 이는 요한공동체가 예수를 그리스도로 시인한 까닭에 출교를 경험하였는데 예수가 그리스도라는 점이 출교라는 희생에 상응하는 가치가 있어야 했기 때문일 것이다. 다시 말하면, 요한기자는 예수를 그리스도로 시인할 뿐만 아니라 경배의 대상으로까지 격상시킴으로써 자신들이 모든 것을 건 예수가 그럴 만한 가치가 있는 분이었다는 점을 역설하고 있다. 또한 유대교와의 그리스도 논쟁을 통해서 자신들의 그리스도에 관한 신학의 정당성을 해명하고 있다.

요한공동체가 위와 같이 자신들의 정당성에 대하여, 정체성에 대하여, 그리스도 신학에 대하여 논쟁을 벌이고 있는 것은 요한복음서가 기록될 당시 요한공동체가 규모가 있고 조직적인 공동체로 성장하고 있었다는 점을 시사해 준다. 만일 요한공동체가 출교당한 후 시간이 얼마 경과되지 않고, 사회적 기반이 흔들린 채로 혼란스러운 상황이었다면, 유대교 밖에서 자신들의 네트워크를 구성하고 생활의 기반을 마련하고자 경주하느라 위의 항목들에 관하여 유대교와 섬세하게 논쟁을 벌이기 어려웠을 것이다. 그러나 요한기자는 여러 전승들을 동원하고 신학적 독립성을 확보하면서 유대교와 논쟁하고 있는데, 이것은 요한공동체가 출교로 인한 충격 파장을 어느 정도 극복하고 공동체를 새롭게 정비하고 유대교로부터 완전히 독립한 독자적이고 조직적인 공동체로 변모해 가고 있다는 있음을 보여준다.

  요한공동체가 유대교와 벌이고 있는 세 가지 논쟁들은 공통적으로 긍정적 자기 규명을 위한 주제들이었다. 요한기자는 죄 논쟁을 통해서는 요한공동체의 정당성을 확보하고자 했고, 제자직 논쟁을 통해서는 자신들의 정체성을 확보하고자 했으며, 그리스도 논쟁을 통해서는 자신들의 신학을 해명하고자 했다. 이와 같이 요한기자가 자신의 공동체를 긍정적으로 규명하려고 시도한 이유 중의 하나는 내부적으로 이탈의 가능성을 가진 구성원들이 존재했을 가능성을 시사해 준다. 출교를 경험하고 사회적 불이익을 감수한다는 것은 요한공동체의 구성원들에게는 큰 부담이 되었을 것이고, 이로 인해 유대교로의 회귀를 원하는 자들이 있었을 가능성이 있다. 이에 대해서 요한기자는 세 가지 논쟁을 통해 요한공동체가 유대교보다 더욱 우월하며 두 공동체가 양립할 수 없다는 점을 보이는 것은 내부 구성원들을 단속하기 위한 기능을 수행하는 것으로 보인다. 또한 요한기자가 긍정적 자기 규명을 시도하고 내부 단속을 강화하는 것은 유대교의 요한공동체에 대한 압박이 상당했음을 반증하기도 한다. 주후 70년 이후에 바리새인들의 유대교 내에서의 입지가 강화되고 더욱 조직화되었다는 것은 이 점을 뒷받침해 준다.

요한공동체는 유대교와의 제자직 논쟁과 그리스도 논쟁에서는 비교적 방어적 자세를 취한 데 비해, 죄 논쟁에서 매우 적극적인 정면 대결을 하고 있다. 요한기자는 죄 논쟁에서 자신들이 죄인들이 아님을 이야기할뿐더러 오히려 독자적인 표준을 마련하여 오히려 유대교를 죄인들의 공동체로 규정하고 그들에게 심판을 선언하고 있다. 이 점은 죄, 제자직, 그리스도 항목 중 죄에 관한 항목이 요한공동체에게 가장 시급하고 적극적으로 해결해야 할 항목이었다는 점을 시사한다. 비록 요한공동체의 출교 원인이 예수를 그리스도로 시인한 것과 관련되었다고 할지라도, 유대교에 의해서 죄인들이라고 규정되고 이로 인해 사회적 불이익을 당하는 것은 요한공동체에게 가장 큰 부담이었을 것이다. 예수를 그리스도라고 시인하는 것은 신념 혹은 신학과 관련된 것이었지만 죄인들이라고 규정되어 사회적 불이익을 당하는 것은 매우 현실적이며 실제적인 고통이었을 것이다. 이런 점에서 요한기자는 죄 논쟁에 있어서는 매우 적극적이고 유대교를 향한 공격적인 자세를 취했던 것으로 보인다.

요한복음 9장에 등장하는 세 가지 논쟁은 오늘 현대인들에게 예수를 믿는다는 것이 어떤 현실에 직면하는 것인지 그리고 오늘의 크리스천들은 어떻게 대응해야 하는지를 보여 준다. 먼저, 죄 논쟁은 세상이 크리스천들에게 어떤 형식의 공격을 가할 수 있는지 그 가능성을 제시해 준다. 세상은 크리스천 공동체들을 향하여 자기 의에 도취해 있고 세상에 위협을 줄 수 있는(세상의 입장에서) '죄인들이 공동체'로 취급할 수 있다. 실제로 기독교 역사에서 많은 정치권력들은 기독교를 탄압하며 크리스천들의 생명에 위협을 가했다. 크리스천들이 세상으로부터 공격을 받는 것은 과거에서뿐만 아니라 오늘 우리 사회에서도 그러하다. 오늘 우리 사회의 크리스천들은 스스로에 대하여는 철저하게 성찰하지 않는 사회의 구성원들에 의해서(물론 크리스천들이 비판받을 수 있는 여지가 부분적으로 존재하지만), 예수를 믿는다는 이유만으로 공격당하고 있다. 예수를 믿는다는 것의 현실은 바로 세상으로부터 공격당할 가능성에 늘 노출되어 있는 것이다.

또한 각각의 논쟁들은 오늘날 크리스천들이 세상의 위협과 공격에 대하여 어떻게 대응해야 하는지를 보여 준다. 먼저 죄 논쟁에서 요한공동체가 자신들의 의로움에 대하여 적극적으로 주장하고 오히려 세상에 대한 심판을 선언하였듯이, 교회는 크리스천들의 의로움에 대하여 적극적으로 가르쳐야 하고 세상에 임박한 심판을 선언해야 한다. 예수 믿음으로써 얻어지는 값없는 의로움에 대하여 강조하는 것은 크리스천들의 자존감을 높여 주고 세상으로의 이탈을 방지하는 기능을 하고, 세상에 대한 심판을 선언하는 것은 세상에 대한 선교의 근거를 마련해 주는 기능을 한다. 또한 제자직 논쟁에서 요한기자가 긍정적으로 묘사하는 고통을 감수하는 제자상은 오늘의 크리스천들이 예수를 믿음으로써 당하는 불이익을 기꺼이 감당할 수 있어야 예수의 참제자라는 점을 시사해 주고 있다. 마지막으로 그리스도 논쟁에서 요한기자가 예수를 경배의 대상으로 고양시키는 것은 기독교의 유일신론에 대한 다원주의의 공격에 대한 대응 방법을 시사해 준다. 다원주의는 구원에 이르기 위하여 예수 이외의 다른 가능성들을 제시함으로써 기독교의 신앙 전통인 유일신론을 크게 훼손하였고 이로 인해서 기독교는 내부 결속력이 약화되었다. 이러한 시점에서 예수만을 강조하고 유일한 경배의 대상임을 확정해 주는 것은 흩어진 기독교 내부의 결속력 강화에 크게 기여할 것이다.

　예수를 믿는다는 것은 세상의 공격에 대해서 스스로를 노출시키지만 믿음에 의한 의로움에 대한 신념을 지켜내는 일이며, 고통을 감내하는 진정한 제자로 살아가는 것이고, 오직 예수 그리스도에게 집중하는 것이다.

Bibliography

- 서중석, 『복음서 해석』. 서울: 대한기독교서회, 1991.

- 서중석, 『바울서신 해석』. 서울: 대한기독교서회, 1998.

- 서중석. 『복음서의 예수와 공동체의 형태』. 서울: 이레서원, 2007.

- 윤철원, "요한복음 해석과 유대교 문제의 중요성." 「신약논단」 17, 2010: 597-621.

- Allingham, Michael. Choice Theory-A Very Short Introduction. Oxford: Oxford University Press, 2002.

- Aune, David E. The Cultic Setting of Realised Eschatology in Early Christianity. Leiden: E. J. Brill, 1973.

- Barnhart, Burno. The Good Wine-Reading John from the Center. New York: Paulist Press, 1989.

- Barrett, C. K. The Gospel According to St. John. London: SPCK, 1955.

- Bassler, Jouette M. "Galileans: A Neglected Factor in Johannine Community Reaserch." CBQ 43, 1983.

- Bauckham, Richard. "The Beloved Disciple As Ideal Author." JSNT 49, 1993.

- Beasley-Murray, George R. Word Biblical Themes-John. Waco, Texas: Word Books, 1987.

- Beirne, Margaret M. Women and Men in the Fourth Gospel-A

Genuine Discipleship of Equals. Sheffield: Sheffield Acamemic Press, 2003.

- Blasi, Anthony J. "Sociology of Early Christianity-By Way of Introduction", Sociology of Religion 58, 1997.

- Blau, Peter. Exchange and Power in Social Life. New York: J. Wiley, 1964.

- Blood, Jr. Robert O. and Wolfe, Donald M. Husband and Wives: The Dynamic of Married. New York: The Free Press, 1960.

- Borchert, Gerald L. The New American Commentary. USA: Broadman and Holman Publisher, 1996.

- Brodie, Thomas L. The Gospel According to John-A Literary and Theological Commentary. New York: Oxford University Press, 1993.

- Brown, R. E. The Gospel According to John. New York: Doubleday &Company, 1966.

- Brown, R. E. The Community of the Beloved Disciple. New York: Paulist Press, 1979.

- Bruce, F. F. The Gospel of John-Introduction, Exposition and Notes. Grand Rapids: William B. Eerdmans Publishing Company, 1983.

- Bultman, Rudolf. The Gospel of John-A Commentary trans. by G. R. Beasley-Murray, General Editor R. W. N. Hoare and J. K. Riches. Philadelphia: The Westminster Press, 1971.

- Burge, Gary M. John The NIV Application Commentary-From biblical to contemporary life. Grand Rapids: Zondervan Publishing House, 2000.

- Carson, D. A. The Gospel according to John. Grand Rapids, Michigan: William B. Eerdmans Publishing Company, 1991.

- Coleman, John A. "The Bible and Sociology." Sociology of Religion 60, 1999.

- Collins, Raymond F. "From John to the Beloved Disciple: An Essay on Johannine Characters." Interpretation 49, 1995.

- Conway, Colleen M. "The Production of the Johannine Community: A New Historic Perspective." JBL 121, 2002.

- Cook, Guillermo. "Seeing, Judgin and Acting: Evangelism in Jesus' Way according to John 9." Evangelical Review of Theology 16, 1992.

- Countryman, L. William. The Mystical Way In The Fourth Gospel-Crossing Over into God. Philadelphia: Fortress Press, 1987.

- Cullmann, O. Early Christian Worship. London: SCM Press, 1953.

- Culpepper, R. Alan. The Gospel and Letters of John. Nashville: Abingdon Press, 1998.

- Davies, Margaret. Rhetoric and Reference in the Fourth Gospel. Sheffield: JSOT Press.

- Davidson, D. Essays on Actions and Events. Oxford: Clarendon Press, 2001.

- Derrett, J. Duncan M. "Dost Thou Teach Us?" Downside Review, 116, 1998.

- Derrett, J. Duncan M. "John 9.6 Read with Isaiah 6.10; 20.9." Evangelical Quarterly 66, 1994.

- Dodd, C. H. The Interpretations of Fourth Gospel. Cambridge: Cambridge University Press, 1953.

- Domeris, Bill. "Christology and Community: A Study of the Social Matrix of the Fourth Gospel." JTSA 64, 1988.

- Domeris, Bill. "The Paraclete as an Idealogical Construct: A Study in the Farewell Discourses." JTSA 67, 1989.

- Douglas, Mary. Natural Symbols. New York: Pantheon, 1982.

- Droge, Arthur J. "The Status of Peter in the Fourth Gospel: A Note on John 18.10-11." JBL 109, 1990.

- Duke, Paul D. Irony in the Fourth Gospel. Atlanta: John Knox Press, 1973.

- Ensor, Peter W. Jesus and His Works-The Johannine Sayings in Historical Perspective. Tübingen: J. C. B. Mohr, 1996.

- Estler, J. Sour Grapes: Studies in the Subversion oh Rationality. Cambridge: Cambridge University Press, 1983.

- Evans, Craig A. "Word and Glory-On the Exegetical and Theological Background of John's Prologue." CBQ 57, 1995.

- Fenton, J. C. The Gospel According to John-In the Revised Standart Version. Oxford: Oxford University Press, 1989.

- Festinger, Leon. A Theory of Cognitive Dissonance. Evanston, III: Row, Peterson, 1957.

- Filson. Floyd V. The Gospel According to John The Layman's Bible Commentary. Atlanta: John Knox Press, 1963.

- Fitzmyer, J. A. "The Aramic Language and the Study of New Testament." NTS 20, 1974.

- Fortna, Robert Tompson. The Fourth Gospel and Its Predecessor. Edinburgh: T&T Clark, 1988.

- Garrett, William R. "Sociology and New Testament Studies: A Critical Evaluation of Rodney Stark's Contribution." Journal for Scientific Study of Religion 29, 1990.

- Godet, Frederic Louis. Commentary on John's Gospel. Grand Rapids: Kregel Publication, 1978.

- Grigsby, Bruce. "Washing in the Pool of Siloam-A Thematic Anticipation of the Johannine Cross." Novum Testamentum 27, 1985.

- Haenchen, Ernst. John2 A commentary on the Gospel of John chapters 7-21 trans. Robert W. Funk ed. Robert W. Funk with Ulrich Busse. Philadelphia: Fortress Press, 1984.

- Hägerland, Tobias. "John's Gospel: A Two-Leveled Drama?" JSNT 25, 2003.

- Hahn, R. A. "Understanding Beliefs: An Essay on The Methodology of the Statement and Analysis of Belief System." Current Anthropology 14, 1973.

- Harner, Philip B. Relation Analysis of the Forth Gospel-A Study in Reader-Response Criticism. New York: Mellen Biblical Press, 1993.

- Harrington, Daniel J. John's Thought and Theology An Introduction. Wilmington: Michael Glazier, Inc., 1990.

- Harstine, Stan. Moses as a Character in the Fourth Gospel-A Study of Ancient Reading Techniques, Sheffield: Sheffield Academic Press, 2002.

- Harstine, Stan. "Un-Doubting Thomas: Recognition Scenes in Ancient World." PRS 33, 2006.

- Hart, J. Stephen. A Companion To St. John's Gospel. Carlton: Melbourne University Press, 1952.

- Hechter, Michael. "The Emergence of Cooperative Social Istitutions." in Michael Hechter, Karl-Dieter Opp, and Reinhard Wippler, ed., Social Institutions: Their Emergence, Maintenace and Effects. Berlin: Waletr deGruyter, 1990.

- Hedström, Peter. Dissecting the Social-On the Principles of Analytical Sociology. New York: Cambridge University Press, 2003.

- Hendriksen, William. New Testament Commentary-Exposition of the Gospel According to John. Grand Rapids: Baker Book House, 1989.

- Holleran, J. W. "Seeing the light-A Narrative Reading of John 9." Ephemerides Theologicae Lovanienses 69, 1993.

- Holmberg, B. Sociology and New Testament: An Appraisal.

- Minneapolis: Fortress Press, 1990.

- Homans, Geroge C. Social Behaviour: Its Elementary Forms. New York: Harcourt Brace and World, 1974.

- Hoskyns, Edwyn Clement. The Fourth Gospel ed. Francis Noel Davey. London: Faber and Faber Limited, 1947.

- Howard, Jame M. "The Significance of Minor Characters in the Gospel of John." Bibliotheca Sacra 163, 2006.

- Howard-Brook, Wes. Becoming Children of God-John's Gospel and Radical Discipleship. Maryknoll, New York: Orbis Books, 1994.

- Hughes, R. Kent. John-That You May Believe. Wheaton: Crossway Books, 1999.

- Hunter, A. M. The Gospel According to John. Cambridge: Cambridge Unversity Press, 1965.

- Jones, Larry Paul. The Symbol of Water in the Gospel of John. Sheffield: Sheffiel Academic Press, 1997.

- Kanagaraj, vJey J. 'Mysticism' in the Gospel of John. Sheffield: Sheffield Academic Press, 1998.

- Katz, S. T. "Issues in the separation of Judaism and Christianity after C. E.: A Reconsideration." JBL 103, 1984.

- Kee, H. C. Knowing the Truth: A Sociological approach to New Testament Interpretation. Minneapolis: Fortress Press, 1989.

- Kelver, Werner H. "The Birth of Befinning: John 1.1-18." Semeia 52, 1990.

- Kimelan, R. "Birkat ha-Minim and the Lack of Evidence." in Jewish and Christian Self-Definition, vol. 2. ed. E. P. Sanders. Philadelphia: Fortress Press, 1981.

- Köstenberger, Andreas J. "'What is Truth?' Pilate's Question in its Johannine and Larger Biblical Context." JETS 48, 2005.

- Koester, Craig R. Symbolism in the Fourth Gospel-Meaning, Mystery, Community. Minneapolis: Fortress Press, 2003.

- Kysar, Robert. John, the Maverick Gospel, Atlata: John Knox Press, 1965.

- Kysar, Robert. John's Story of Jesus. Philadelphia: Fortress Press, 1984.

- Kysar, Robert. "Community and Gospel: Vectors in Fourth Gospel Criticism." Interpretation 31, 1977.

- Lee, Dorothy A. The Symbolic Narrative of the Fourth Gospel-The Interplay of Form and Meaning. Sheffield: Sheffield Academic Press, 1994.

- Lieu, J. M. "Blindness in the Johannine Tradition." NTS 34, 1988.

- Lindars. Barnabas. John. Sheffield: Sheffield Academic Press, 1990.

- Lindars, Barnabas. Edwards, Ruth B.&Court, John M. The Johannine Literature-With and Introduction by R. Alan Culpepper. Sheffield: Sheffield Academic Press, 2000.

- Loader, William. The Christology of the Fourth Gospel-Structure and Issues. New York: Peter Lang, 1992.

- Loader, William. "The Central Structure of Johannine Christology." NTS 30, 1984.

- Malina, B. J. "The Social Context Science and Biblical Interpretation." Interpretation 37, 1982.

- Malina, B. J. "Some Observations on the Origin of Sin in Judaism and St. Paul." CBQ 31, 1969.

- Malinoswski, Bronislaw. Crime and Custom in Savage Society. London: Routledge and Kegan Paul, 1992.

- Stanley B. Marrow. The Gospel of John: A Reading. Mahwah, NJ: Paulist Press, 1995.

- Martyn, J. Louis. History and Theology in the Fourth Gospel. Louisville: Westminster John Knox Press, 1979.

- Martyn, J. Louis. The Gospel of John in Christian History. New York: Paulist Press, 1979.

- Mattill, Jr. A. J. "Johannine Communities Behind the Fourth Gospel: Georg Richers Analysis." TS 38, 1977.

- Mauss, Marcel. The Gift. Glencoe: The Free Press, 1954.

- Maynard, A. H. "The Role of Peter in the Fourth Gospel." NTS 30, 1984.

- McGrath, James F. John's Apologetic Chritology-Legitimation and development in Johannine Christology. Cambridge: Cambridge University Press, 2001.

- MacLeod, David J. "The Reaction of the World to the Word: John 1.10-13." Bibliotheca Sacra 160, 2003.

- MacLeod, David J. "The Witness of John the Baptist to the Word: John 1.6-9." Bibliotheca Sacra 160, 2003.

- MacLeod, David J. "The Eternality and Deity of the Word: John 1.1-2." Bibliotheca Sacra 160, 2003.

- MacLeod, David J. "The Creation of the Universe by the Word: John 1.3-5." Bibliotheca Sacra 160, 2003.

- MacLeod, David J. "The Incarnation of the Word: John 1.14." Bibliotheca Sacra 161, 2004.

- MacLeod, David J. "The Benefits of the Incarnation of the Word: John 1.15-18." Bibliotheca Sacra 161, 2004.

- Mead, George H. Mind, Self and Society. Chicago: University of Chicago Press, 1934.

- Meeks, W. "The Man from Heaven in Johannine Sectarianism." JBL 91, 1972.

- Merton, Robert K. Social Theory and Social Structure. New York: The Free Press, 1968.

- Mlakuzhyil, George. The Christocentric Literary Structure of the Fourth Gospel. Roma: Editrice Pontificio Istituto Biblico, 1987.

- Moloney, Francis J. "The Johannine Son of Man." BTB 8, 1970.

- Moloney, Francis J. Signs and Shadows-Reading John 5-12. Minneapolis: Fortress Press, 1996.

- Morris, Leon. Jesus in the Christ-Studies in the Theology of John. Grand Rapids: William B. Eerdmans Publishing Company, 1989.

- Morris, Leon. "The Atonement In John's Gospel." CTR 3, 1988.

- Müller, Mogenes. "Have You Faith in the Son of Man?" NTS 37, 1991.

- O'Neill, J. G. "Son of Man, Stone of Blood(John 1.51)." NT 45, 2003.

- Osiek, C. What Are They Saying About the Social Setting of the New Testament, rev. ed. New York: Paulist, 1992.

- Oslon, Mancur. The Logic of Collective Action: Public Goods and the Theory of Groups. Cambridge: Harvard University Press, 1965.

- Painter, John. "Johannine Symbols: A Case Study in Epistemology." JTSA 27, 1979.

- Painter, John. "John 9 and the Interpretation of the Fourth Gospel." JSNT 28, 1986.

- Painter, John. The Quest for Messiah-The History Literature and Theology of the Johannine Community. Edinburgh: T&T Clark, 1991.

- Pancaro, Severino. The Law In the Fourth Gospel-The Torah and the Gospel Moses and Jesus, Judaism and Christianity according to John. Leiden: E. J. Brill, 1975.

- Plich, John J. Healing In The New Testament-Insight From Medical and Mediterranean Anthropology. Minneapolis: Fortress Press, 2000.

- Pryor, John W. "The Johannine Son of Man and the Descent-Ascent Motif." JETS 34, 1991.

- Redditt, Paul L. "John 19.38-42." Interpretation 61, 2007.

- Reed, David A. "How Semitic was John? Rethinking the Hellenistic Background of John 1.1." ATR 85, 2003.

- Rensberger, David. Johannine Faith and Liberating Community. Philadelphia: The Westerminster Press, 1988.

- Ridderbos, Herman. The Gospel of John. Grand Rapids, Michigan: William B. Eerdmans Publishin Company, 1991.

- Ringe, Sharon H. "Homiletical Resources on the Gospel of John: The Gospel as Healing Word." QR 6, 1986.

- Rodd, Cyril S. "On Applying a Sociological Theory to Biblical Studies." JSOT 19, 1981.

- Schmits, Emerson P. Man and Society. Englewood Cliff, N.J.: Prentice Hall, Inc, 1937.

- Schnackenburg, Rudolf. The Gospel According to St. John vol. 1. New York: The Cross Road Publishing Company, 1982.

- Schnackenburg, Rudolf. The Gospel According to St. John vol. 2. New York: The Cross Road Publishing Company, 1982

- Schneiders, Sandra M. "The Rising of the New Temple: John 20.19-23 and Johannine Ecclesiololgy." NTS 52, 2006.

- Smith, D. Moody. "The Life Stting of the Gospel of John." Review and Expositer 85, 1988.

- Snyder, G. F. "John 13.16 and the Anti-Petrinism of the Johannine Tradition." BR 16, 1971.

- Staley, Jeffrey L. "Stumbling in the Dark, Reaching for the Light: Reading Character in John 5 and 9." Semeia 69, 1991.

- Stibbe, Mark W. G. John as Story Teller: Narrative Criticism and the Fourth Gospel. Cambridge: Cambridge University Press, 1992.

- Suh, Joong Suk. "The Socilogical Theory for New Testament Interpretaion." in The Glory in the Gospel of John: Restoration of Forfeited Prestige. Oxford: M. P. Publications, 1995.

- Talbert, Charles H. Reading John-A Literary Theological Commentary on the Fourth Gospel and the Johannine Epistles. New York: Crossroad, 1992.

- Thatcher, Tom. "The Sabbath Trick: Unstable Irony in the Fourth Gospel." JSNT 76, 1999.

- Thomas, John Christopher. "Stop Sinning Lest Something Worse Come Upon You: The Man At the Pool in John 5." JSNT 59, 1995.

- Tidball, Derek. The Social Context of the New Testament: A Socilogical Analysis. Grand Rapids, Michigan: Academie Books, 1984.

- Tuckett, Christopher. Reading the New Testament: Methods of Interpretation. Philadelphia: Fortress Press, 1987.

- Wallace, Ruth A. and Wolf, Alison. Contemporary Sociological Theory-Expanding the Classical Tradition. Prentice Hall, Upper Saddle River, New Jersey, 1999.

- Weber, Max. The Theory of Social and Economic Organization, trans. and ed. A. M. Henderson and Talcott Parsons. New York: Oxford University Press, 1964.

- Whitters, Mark F. "Disciples in John: Four Profiles." Word&World 18, 1998.

- Wolff, Kurt H. The Sociology of Georg Simmel. New York: The Free Press, 1978.

- Wynn, Kerry H. "Johannie Healings and the Otherness of Disablity." Perspectives in Religious Studies 34, 2007.

- Yamauchi, Edwin. "Sociology, Scripture and the Supernatural." JETS 27, 1984.